满洲的情报基地
——哈尔滨学院

[日]芳地隆之 著　黑龙江省求真经济研究基金会 译

黑版贸审字08-2017-001号

图书在版编目（CIP）数据

满洲的情报基地：哈尔滨学院／（日）芳地隆之著；黑龙江省求真经济研究基金会译.—哈尔滨：哈尔滨出版社，2018.6

（哈尔滨记忆）

ISBN 978-7-5484-3105-3

Ⅰ.①满… Ⅱ.①芳… ②黑… Ⅲ.①哈尔滨学院-校史 Ⅳ.①G649.283.51

中国版本图书馆CIP数据核字（2017）第022107号

Manshu no joho kichi harubin gakuin by Takayuki Houchi
Copyright © 2010 Takayuki Houchi
Original Japanese edition published by SHINCHOSHA Publishing Co., Ltd
Chinese translation rights arranged with SHINCHOSHA Publishing Co., Ltd
through EYA Beijing Representative Office
Simplified Chinese translation rights © Harbin Publishing House

书　　　名：满洲的情报基地——哈尔滨学院
作　　　者：[日]芳地隆之　著　黑龙江省求真经济研究基金会　译
责任编辑：颜　楠　李金秋
责任审校：李　战
封面设计：孜闻书装坊
版式设计：哈尔滨今佳快印有限公司
封面绘画：母绍锋

出版发行：哈尔滨出版社（Harbin Publishing House）
社　　　址：哈尔滨市松北区世坤路738号9号楼　　邮编：150028
经　　　销：全国新华书店
印　　　刷：哈尔滨市石桥印务有限公司
网　　　址：www.hrbcbs.com　　www.mifengniao.com
E-mail：hrbcbs@yeah.net
编辑版权热线：（0451）87900271　87900272
销售热线：（0451）87900202　87900203
邮购热线：4006900345　（0451）87900256

开　　　本：787mm×1092mm　1/16　印张：16　字数：166千字
版　　　次：2018年6月第1版
印　　　次：2018年6月第1次印刷
书　　　号：ISBN 978-7-5484-3105-3
定　　　价：80.00元

凡购本社图书发现印装错误，请与本社印制部联系调换。
服务热线：（0451）87900278

编者的话
BIAN ZHE DE HUA

《满洲的情报基地——哈尔滨学院》一书,由日本新潮社于2010年8月出版。作者芳地隆之,1962年生于日本东京。1988年大学毕业后赴东德留学。归国后任俄罗斯东欧经济研究所研究员,现就职于社团法人日本俄罗斯NIS贸易会社。曾著有《我们在革命中》《那时需要柏林墙》《哈尔滨学院与"满洲国"》等书籍,一直活跃在以史料为题材的纪实性创作领域。

哈尔滨学院是20世纪上半叶日本在我国创办的一所特殊学校。"其目的就是将学生们培养成为既对俄罗斯人感到亲切,又具有谍报员素质的人。"苏联认定该校为"擅长俄语者辈出的间谍培养学校"。二战后,美军掌握的黑名单里,有该校毕业生的名字。

哈尔滨学院建于1920年9月,由日俄协会创办,为日本文部省正式认可的专门学校。初始校名为日俄协会学校,学制三年,宣称是为增进日俄两国的外交和商贸往来而建。学校最初选址在海参崴,后因局势变化改在哈尔滨。1933年4月,学校更名为哈尔滨学院,隶属部门由日本外务省日俄协会转为文部省,学制四年。1939年5月,哈尔滨学院改称"满洲国"国立大学哈尔滨学院(以下统称为哈尔滨学院),隶属伪"满洲国"中央文教部。自1920年建校至1945年学院解体,总共招生26期,毕业学生合计1 412人(不包括特修生和专修生)。

创建哈尔滨学院的设想,出自首任哈尔滨学院院长井田孝平。井田孝平,1901年毕业于东京外国语学校俄语专业,曾在满铁调查部工作,1916年留学俄罗斯。在俄国十月革命爆发的前5个月,井田孝平陪同川上俊彦(日本外务省俄国通,1909年10月26日伊藤博文在哈尔滨火车站遭朝鲜爱国义士安重根枪杀时曾被流弹击伤)考察了动荡的俄罗斯,一路上讨论着俄罗斯未来的种种可能,以及日本对俄所应采取的策略。其间,井田孝平提出:"今后的日本无视俄罗斯是无法生存下去的,需要培养更多掌握俄语的人才。当务之急是建立学校。"井田孝平的这一设想,得到了时任外务大臣、日俄协会会长的后藤新平的倾心支持。后藤新平不仅主动提出担任创立哈尔滨学院委员会的委员长,还亲自制订议案,筹划推进实施,并邀请井田孝平出任哈尔滨学院院长。可以说,后藤新平是哈尔滨学院的直接策划者。

后藤新平是日本侵华战略中的重要人物,历任台湾总督府民政长官、满铁首任总裁、内阁递信大臣、内务大臣、外务大臣和东京市长。他1898年出任台湾总督府民政长官,以"文装武备论",组织实施了对台湾的殖民统治。日俄战争末期来我国东北考察,起草了《满洲经营策梗概》。1906年11月担任满铁首任总裁后,"以会社之名,创国家之实",主持实施了对满洲的殖民政策。俄国十月革命的成功,使他察觉到:"如今,比起铤而走险获取当地情报的大陆浪人,更需要能够开展正面攻击的系统性调查活动的人才。"哈尔滨学院建立后,他一再告诫学员:"你们必须研究苏联,必须成为国家研究对苏政策的有用之人""在意苏联是什么颜色没有意义,应该研究为什么不到 50 万的布尔什维克能有意义,应该研究为什么不到 50 万的布尔什维克能够统治 14000 万的斯拉夫人"。在他的亲自协调下,日本政府出资 25 万日元,满铁投资 5 万日元,在哈尔滨建设起了一期工程——7000 坪(约 23100 平方米)的校舍(位于现南岗区中宣街 24 号)。

1920 年 9 月 24 日,日俄协会学校正式成立,闲院宫载仁亲王在东京亲授校旗。学院的使命是:培养投身北方的栋梁。由此可见,设立哈尔滨学院,是有其政治考量的。

哈尔滨学院的招生对象主要是日本应届高中生。招生的方法是推举加考试,考试题目每县稍有不同,主要科目为:英译日、日译英、地理、历史、中文、日语。1920 年首届招生 53 名,其中日本国内 37 名(每县一个名额),中国东北 16 名。由于条件比较优惠,既公费出国留学,又享有政府奖学金,故报名踊跃。如青森县 1 个名额,报名应试者 11 人,基本上是十里挑一。1945 年 4 月入学的第 26 期学生约 100 人,除日本人外,还有中国人 7—8 名,朝鲜人 5—6 名,蒙古人 1—2 名。当时,人们对哈尔滨学院的评价是"俄语教育水平,要比东外大(东京外国语学校)好数倍";还有一种说法,"学汉语到上海东亚同文书院(日本建在中国上海的一所学校),学俄语到哈尔滨学院"。可见,哈尔滨学院对青年学子是有一定诱惑力的。

哈尔滨学院实施强化俄语教学。第一学年的周课时为 36 小时,其中 18 小时是俄语教学,包括读解、听写、语法、会话、翻译阅读、日译俄等，其余课目有建国精神、武士道、修炼、苏联情况、苏联宪法、经济理论等。二年级增设俄罗斯史、亚洲商业习俗等课程。从1928年开始，二三年级的学生都住到哈尔滨的俄罗斯家庭（房钱加茶钱每月7~15元，学院支付约10元的食宿费），以此增强学生的俄语会话能力，同时了解俄罗斯人的文化传统、风俗习惯，增加与他们的亲近感。如此强化教育，学生的俄语水平提高很快，一年后即可充任导游翻译。此后，随着时局变化，教学内容做了一些调整，但俄语是始终不变的主要学科。

学院实施军事化管理。学生集中食宿，每天清晨6点半起床，7时集合向日本天皇遥拜，夜自习后集体熄灯就寝。新学期开始，入学新生都要在哈尔滨火车站祭拜伊藤博文胸像，并有关东军高级军官亲临学院，参加升旗仪式。

教学与日方政治需要紧密结合。1931年，九一八事变后，10月上旬，哈尔滨学院接受命令组织警备队，学生们手持步枪，加入到保护三四千日本侨民的行列。哈尔滨沦陷前，学校停课，学生轮流值班，昼夜守护侨民。1935年，苏联政府私自出售北满铁路给日伪，日方从哈尔滨学院抽调学员，担任口语翻译，清点制作资产目录，参加铁路移交的全面工作。1941年7月，日本陆军省命令关东军集中70万兵力进行特别大演习（简称关特演），哈尔滨学院学生受命参加此次行动。此外，学院还组织学生利用假期到中苏、中蒙边境"调研"，搜集情报。

在哈尔滨学院首任校长井田孝平之后，继任校长片山秀太郎、高田富藏、三泽纠，均为文职官员。1938年3月，退役陆军中将三毛一夫任第五任哈尔滨学院校长。之后，哈尔滨学院校长均由军人出身的高级将领担任。如第七任也是最后一任哈尔滨学院校长涩谷三郎，曾先后担任关东军司令部部附、伪满洲国治安部警务司长、"牡丹江省省长"、伪满洲国治安部次长等军政要职。在任滨江省警务厅长、治安部次长期间，推行军警一体化，与军部合作成立讨伐队，清剿东北抗日联军，残酷镇压抗日军民，是他下令将赵一曼押回珠河县示众处死。1945年8月15日，日本天皇宣布投降。16日，涩谷三郎带领师生在学院后院烧毁了校旗和有关资料，并于四天后全家三口开枪自杀。

哈尔滨学院毕业生的去向，主要是日本领事馆、特务机关、军事机关、满铁调查部、哈尔滨邮政局等。据记载，当时满铁调查部共有大约2000人，其中三分之一为哈尔滨学院的毕业生。伪"满洲国"建立之后，"哈尔滨学院的办学目的是为关东军培养俄语翻译的倾向越来越明显……到哈尔滨宪兵部队和陆军当翻译的人相当多"。苏德战争期间，曾有一期毕业生全部被分配到特务机关的说法。

哈尔滨邮政局集中了一批哈尔滨学院毕业的学生。他们同来自东京外国语学校、大阪外国语学校的多种语言专业的毕业生一道，专门负责检查往来信件书刊，收集有用情报，一旦发现有反日内容，立即予以销毁。哈尔滨当年是个"满洲大地上的欧洲城市"，多方利益交织，信息传递频繁。邮政局是日伪搜集情报的基地，也是实施信息控制的要地。

《满洲的情报基地——哈尔滨学院》一书，使一些鲜为人知的学生情况浮出水面：

岸谷隆一郎，哈尔滨学院一期生。九一八事变前，他任职于满铁调查部，曾对事变可能引发苏联方面的反应，做出分析判断，"苏联忙于内政，应无心或无力应付国外情势"。以致过后有了"没有岸谷就没有'满洲国'"一说。再次使岸谷声名鹊起的是他对苏联五年计划实施情况的研判，当人们为苏联社会主义计划经济大跃进的速度震惊时，他却认为，"斯大林政权实行的极其激进猛干的工业化政策，如今陷入了僵局"。以研究苏联经济名扬满铁的岸谷，后转任伪"满洲国"官员，先后在黑河省、"新京"、通化省、伪满国务院担任要职。他曾参与对东北抗日联军的扫荡，是杀害杨靖宇将军的凶手。日本投降后，他与妻子、两个女儿一起服毒自杀。

胡麻本茑，哈尔滨学院第2期生。毕业后留校任教师，曾编写《斯大林宪法是骗人的》教学讲义。日本投降后被苏联红军押往西伯利亚。后依《苏维埃社会主义共和国联盟刑法》第58条，被判处25年徒刑。刑法58条是专门针对日军将领、特务机关、伪满政府、满铁的要员等对苏重要战犯量刑的法律。回国后，在拓殖大学和爱知大学任教。

佐藤四郎，哈尔滨学院第8期生。毕业后进入军界。哈尔滨沦陷前，是他独驾摩托车驶入市区，联络日侨，先行侦察，传递军情。1932年2月5日，关东军的铁蹄踏入哈尔滨，占领全市。

加藤幸四郎，哈尔滨学院第10期生。1935年4月就职于哈尔滨特务机关，同年8月转入满铁人事部。在杉原千亩负责接收中东铁路时，他担任面试官。他同手下的一个叫马托科夫斯基的白俄股长互相配合，通过双语教学，训练起一支75人的队伍。日后，这支队伍成了哈尔滨特务机关对苏情报的中坚力量。顺带提及，他的女儿加藤登纪子为日本著名歌星，1943年出生于哈尔滨。

书中记述了被称为"日本辛德勒"的杉原千亩。杉原千亩，哈尔滨学院第1期插班生。1923年先后任职于满洲领事馆、哈尔滨总领事馆。1924年，他与一个叫克劳蒂的白俄犹太姑娘结婚，并开始关心犹太人问题。1931年转入特务机关。1932年，苏联私自出售中东铁路,他以"俄国通"的优势参加了谈判。其结果是：1935年3月,苏联以1.4亿日元的价格将中东铁路所有权利让与日伪,仅是最初报价的约五分之一！1936年12月,日本政府拟派杉原千亩到日本驻苏大使馆工作,遭到苏联政府拒绝,后改派他到芬兰任职。他任立陶宛代理总领事期间,在外务省没有同意的情况下,一个月时间内,为约6000名犹太人发放签证,使其得以进入日本,转往澳大利亚、美国。杉原千亩因此被外务省开除。但这一举动也为他赢得了"日本辛德勒"的美名。20世纪90年代,以色列以他的名字命名了一条大街——杉原大街。芳地隆之在记述杉原的这一义举时,也提到了日伪实施的"河豚鱼计划"——一项建立犹太人居留地,吸引犹太人资金发展伪满经济的政策。"河豚鱼计划"发端于1934年,1938年作为一项国策正式出炉。这项工作的负责人是大连特务机关长安江仙弘,他把计划实施地点选在了哈尔滨。1937年,安江仙弘与哈尔滨特务机关长樋口季一郎共同操持,在哈尔滨召开了第一届远东犹太社团代表大会。哈尔滨犹太人难民居留地的工作,也在两位特务机关长的努力下紧锣密鼓地展开。至1940年9月日德意缔结军事同盟,"河豚鱼计划"被迫终止。书中还写到了杉原的个人生活：杉原千亩与克劳蒂于1935年12月递交离婚申请。"这一举动,可能是即将成为日本国大使的杉原,想要避免仕途不利吧……他虽然与克劳蒂分开了,但他以个人意愿延续着在"满洲国"受挫的犹太人接收计划。"如此推断,杉原的"义举"与实施"河豚鱼计划"似有一定联系。

据有关资料,在哈尔滨学院毕业的1412名学生中,有238人被苏联红军逮捕,押往西伯利亚受审并服劳役。

战后,哈尔滨学院的毕业生有相当一部分活跃在外交、外贸领域。直到现在,每年4月16日,哈尔滨学院的校友和家属仍在东京聚会。

  本书作者注重史料,特别是当事人第一手资料的收集。作者在1999年出版的《哈尔滨学院与"满洲国"》一书的基础上,加以充实,形成此书。透过对哈尔滨学院历史的描述,我们亦可对当时的日本状况、地缘政治、国际关系以及哈尔滨的社会形态有更加细微的了解。现将本书翻译于后,供研究参考。

目 录
MULU

序　章　地震灾害和空袭
　　在东京都慰灵堂　　　　　　　　　　003
　　"大陆日本"　　　　　　　　　　　　006
　　逃离化为灰烬的土地　　　　　　　　009

第一章　开学前夜
　　文装武备论　　　　　　　　　　　　015
　　大津事件　　　　　　　　　　　　　017
　　俄罗斯的威胁　　　　　　　　　　　019
　　新兴城市哈尔滨　　　　　　　　　　022
　　日俄战争告一段落　　　　　　　　　023
　　俄罗斯革命的冲击　　　　　　　　　026
　　同盟国是英国,还是俄罗斯?　　　　 030
　　一位记者的眼光　　　　　　　　　　033
　　日俄协会学校的设立　　　　　　　　035

第二章　心怀矛盾
　　二野亭四迷的心思　　　　　　　　　043
　　破天荒的学生们　　　　　　　　　　045

毕业后的职业	048
日俄协会学校与东亚同文书院	050
九一八事变	053
转变的校风	056
抹掉过往的地方	059

第三章　想象中的俄罗斯，现实中的苏联

北上大陆	065
无樱花之春	068
日式的殖民管理	071
俄语斯巴达教育	075
脱离现实	077
杉原"救命签证"的起源	082
哈尔滨的繁华街	088
自杀式军事训练	091
情报战	094
遗留的头发和指甲	097
柏林来的信使	098
结束的开始	104

第四章　国家崩溃

呼伦贝尔高原	111

北边振兴计划	115
对苏工作活动	120
敌人在关东军内	122
苏德开战	126
继续迷失的外交	130
苏军进攻	135
昨天的朋友	139
对准妻儿的枪口	141
没有发出一声枪响	144

第五章　没有结束的战争

红旗和青天白日满地红旗飘扬的日子	151
带走日本人	155
乱世中活下来的人们	161
给苏军当翻译	165
向满洲逆行	168
潜入大陆	170
战后的哈尔滨	173

第六章　内战中的日本人

远去的回国列车	181
朝鲜义勇军的年轻部队	183

不被聘用的归国者　　　　　　　186

　　在日本民主青年同盟的日子　　　189

　　在煤城的任务　　　　　　　　192

　　朝鲜战争和回国　　　　　　　194

第七章　大陆通商的现实

　　对苏贸易的排头兵　　　　　　203

　　东亚同文书院的遗产　　　　　209

　　两名事务局工作人员的步调　　212

　　卖国奴！不要再踏上日本的土地！　215

　　德国统一的背景　　　　　　　219

　　目标是避免战争　　　　　　　221

第八章　投向欧亚大陆的视线

　　寂静的停战　　　　　　　　　227

　　寻找可以一起做的事　　　　　228

　　面对两个大国　　　　　　　　230

　　高尾陵园樱花飘落的时候　　　231

主要参考文献　　　　　　　　　　235

后记　　　　　　　　　　　　　　238

序　章
地震灾害和空袭

哈尔滨学院校舍(1935年左右)

哈尔滨火车站

在东京都慰灵堂

那是1923年9月1日,头一晚前所未有的强风和暴雨一直持续到黎明,正午时分,抬头仰望天空,整个东京地区晴空万里。就在这时,震级7.9级的海沟型地震袭击了东京。惊人的力量从地下喷发出来,人们被瞬间倒塌的屋顶和电线杆砸中,都不知道发生了什么就丧命了。受灾严重的有现在的墨田、江东、台东、中央等平民区,整个关东地区死亡人数约99000人,受伤人数约104000人。

伤亡人数众多的原因并不是房屋倒塌,而是火灾。与倒塌的128000户房屋相比,烧毁的住宅有447000户,约是倒塌房屋的3.5倍。许多人都是被烧死的。

关东大地震中也有人是由于房屋倒塌、火灾以外的原因死亡的,这些人就是在日的朝鲜人。

有传言说朝鲜人趁着灾害混乱往井里投毒,谣言在地震灾害的混乱中如瘟疫般流传,因此组成自警团的居民就拿起竹矛、锄头等刺杀、打死在日的朝鲜人。自警团逼嫌疑人发"gagigugego""看看"等音,因为他们认为朝鲜人很难发这几个音。如果对方发不出这几个音,或是不能顺利回答出来,他们就会将其乱棍打死。据说,在地震灾害中死亡的在日朝鲜人达到6000人。

演员伊藤国夫在经过千驮谷时,被当成在日朝鲜人,差点被杀死。借此机会，伊藤打着"在千驮谷差点被错认为朝鲜人杀死的男人"的旗号，自称是"千田是也"。千田在地震发生的四年以后，前往德国的首都柏林参加戏剧活动，回国后领导日本的新剧运动。

也有其他事情钻了地震的空子。无政府主义者大杉荣和妻子伊藤野枝及外甥橘宗一被宪兵拘留，并被麹町的宪兵分队带走杀害了。关东大地震中发生了很多人祸。

从都营大江户线的两国站出来，向与江户东京博物馆、两国国技馆的相反方向，顺着清澄街走，不久就会在左前方看到东京都慰灵堂。东京都慰灵堂位于横纲町公园内，是由两层主殿和三重塔组成的大型建筑，于1930年为悼念在关东大地震中死去的人而建。

横纲町公园内有砖砌成的复兴纪念馆，馆内的玻璃橱里陈列着火灾后的遗物——烧焦的家具、因温度过高而严重变形的自行车、轻轻一碰就会化为灰烬的焦黑的衣服等。

复兴纪念馆内不仅仅有地震后的遗物，也有震后悲剧的记录。

震后的第22年，1945年，东京遭到了美国军机的大空袭。

大空袭的前一天，3月9日，美军的B29轰炸机组成大型编队飞离塞班岛。

B29第一次轰炸东京大概是在三个月前。自1944年11月24日开始，轰炸机伸展着它的大型机翼，散发着银色光辉盘旋在首都圈上空，炮弹如雨点般落下。当时死亡近千人，损坏的房屋达1300户以上。虽然之后也有断断续续的空袭，但此次的东京大空袭达到了前所未有的规模。

燃烧弹有时从 3000 米高度的空中，有时从 1000 米高度的低空落下，里面装有具有黏着性的油脂，是在汽油里掺了胶状混合剂。这么做是为了让木质和纸质的日本房屋容易燃烧，一旦爆炸，胶状物就会变成火球，向四处飞溅。

约 300 架 B29 在两个半小时的时间内，投下了大小共 189590 个燃烧弹。天空中啪啦啪啦地落下来无数燃烧弹，其产生的油性火焰即使泼水也不容易浇灭。地面被烧得滚烫，人们即使不中弹，也会突然全身自燃起来。天亮前的东京刮着强劲的北风，浅草的火势越过隅田川，与本所和深川的火灾连起来，一直烧到荒川泄水渠一带。无数的人为躲避火焰跳入隅田川，尸体都浮了上来。

这一晚，以现在的墨田区、江东区、台东区、中央区为中心，烧毁的房屋有 268000 户，死亡人数达 10 万人以上。当时东京的人口约有 349 万人，一夜间就有约 3% 的人被夺去了生命。

在短短两个半小时内，死亡人数就这么多，这其中制胜的关键是轰炸兵团的司令官柯蒂斯·李梅的作战策略。这位司令官竟然是战后被日本政府授予勋章的人物。李梅采取的是"以最少的损耗获取最大成果"的成本对成果的策略，即"尽量以少量的火药让更多人毙命"，因此，李梅制订了夜间低空飞行进行轰炸的计划，致使日本各地化为焦土。

为悼念关东大地震中的死亡者而建的东京都慰灵堂，在战后进行了整修，大空袭的死亡者也成为了悼念的对象。

如今东京都慰灵堂主殿内的祭坛上，蜡烛的火苗还在轻轻摇曳，殿内飘荡着香火的气息。在祭坛对面的右侧和左侧分别摆放着关东大地震和东京大空袭中死者的灵位。里面的骨灰堂存放着无法移交给死者亲属的骨灰,骨灰收纳在一个大的骨灰罐里——260个震灾死亡者和460个大空袭死亡者。

岛津朝美的家与东京都慰灵堂隔着清澄街,离片男波部屋很近。在与扎着发髻的大力士几次擦肩而过后,岛津按响了找到的人家的门铃。岛津把当时的学生证、记录当下的备忘录,还有与哈尔滨相关的资料放在桌上等着。据说,在东京大空袭后,岛津为了能马上进入"满洲国"立大学哈尔滨学院学习,离开了日本。

哈尔滨学院是1920年,在满洲的城市,现中国黑龙江省省会哈尔滨设立的,培养俄语专家的高等教育机构。设立之初名为日俄协会学校,其办学目的是通过俄语教育,源源不断地培养出将来担任对俄外交、通商的年轻人。

"为什么要进入哈尔滨学院?"

话题从此开始。岛津用稍微有点高的声调回答道:"就是偶然间知道有哈尔滨学院这个学校。"他虽然生在长在墨田,但与"江户人混混调"的老油条形象还相距甚远。即使如今已年过80,也还是年轻人般的口气。

岛津沉稳地答道:

"因为我想成为外交官。"

"大陆日本"

1944年秋天,府立第七中学(如今的都立墨田川高中)的五年级学生,16岁的岛津朝美正在为升学方向而发愁。岛津在那年的高中升学考试中落榜,在学制变更的同时,他加入了刚刚开始的学生劳动动员运动中。

以大学和高等专科学校的学生为对象的劳动动员,范围扩大到了中学生,岛津的班级被锦系町附近的一家钟表制造商精工舍赶了出来。虽说是钟表制造工厂,但那时正在变成军需工厂。岛津他们的工作是利用车床制作高射炮弹的雷管。精工舍也招女学生,她们负责测量岛津他们制作的雷管的尺寸。

学生劳动动员的纲领规定,劳动的时间标准是一年要有四个月。但实际上劳动时间远远超出了上限,一天的劳动时间就达到了十小时。而且,以塞班岛、关岛等为基地的美军的 B29 轰炸机频繁来袭,空袭警报几乎每晚都会响彻天空。警报声导致岛津每天都睡眠不足。如果这样的日子一直继续,即使第二年再重新参加高中升学考试,学习考试也不会顺心。

自己不能就这样放弃学业吧?

岛津一边继续着手中的操作,一边时不时思考自己的未来。

他的视力非常不好,所以早已放弃了从军和理工科的道路。

但分配到中学的所属军官却说:"以文科为志愿的人是卖国贼。"虽说应该学习武器研发的相关知识,可自己学什么好呢?

此时,岛津在神田的书店翻到一本旺文社的《全国上级学校总览》,他被一种莫名的感觉驱使翻动着书页,一个不熟悉的校名映入眼帘。

"满洲国"立大学哈尔滨学院。

在北满地区的哈尔滨,有一所专业的俄语学校。日本人、中国人、朝鲜人、蒙古人等共同学习,免除学费、制服费、伙食费。虽然实行全寄宿式管理,但在入学的一两年后可能会寄宿到当地的俄罗斯家庭。

如果在哈尔滨学院学好俄语的话,将来可能成为驻莫斯科的外交官。岛津想,如果是那样的话,自己也可以为国家效力。

岛津进入府立七中没多久,就沉浸在托尔斯泰的小说和屠格涅夫的诗歌当中。在托尔斯泰的长篇小说《战争与和平》中,在出场人物的包容、严谨、高贵的心态中,岛津仿佛切身感受到了俄罗斯贵族的精神。

同时,岛津回忆起了年幼时爱读的书,山中峰太郎的冒险小说《亚洲的黎明》《横越敌营三百里》。在以日本的军事侦探为主人公的故事中,反复出现哈尔滨的城镇和俄罗斯人。《亚洲的黎明》和《横越敌营三百里》讲的是主人公为了将亚洲各国从欧美的殖民统治中解放出来,为了日俄战争的胜利,奔走于大陆各地的故事。满洲曾经是美国西部那样的形象。

"去吧!年轻人,向着北满的沃野。去吧!年轻人,向着"大陆日本"。移居到肥沃的土地上,努力开拓事业,让文明之光照到满洲吧。"为了响应此号召,当时已有很多日本人漂洋过海来到满洲。"大陆日本"——这种说法激起了岛津心中的某种浪漫情怀。

岛津想象着自己奔赴满洲的样子,就马上决定参加哈尔滨学院的升学考试。父母希望他在国内上学,他不顾父母的反对,提交了志愿书。

由于东京有断断续续的空袭,所以哈尔滨学院的升学考试于1944年的年末,在石川县金泽市举行。考试那天,下着大雪,雪中夹杂着日本海沿岸独有的湿气,岛津在雪中走向了设在金泽市内的考场。

考试的内容是英语笔译、以"大东亚'共荣圈'和俄罗斯"为题目的小论文,然后就是身体检查和面试。英语是岛津的长项,小论文用山中峰太郎的观点——日本在大陆的指导性作用进行论述。

面试官是三位哈尔滨学院出身的教授:胡麻本、白井和樱木。其中显眼的人物是胡麻本笃一。胡麻本是哈尔滨学院的前身日俄协会学校的第二批学生。他以毛皮帽和皮大衣的装束出现在面试会场,一副超然洒脱的样子,还嘟嘟哝哝地说"日本比哈尔滨冷啊"之类的话。

考试成绩合格与否在当天就公布。

逃离化为灰烬的土地

那之后的约三个月后,1945年3月10日凌晨,东京变成了火的海洋。大空袭的前一天,岛津与母亲和未断奶的弟弟三人,前往祖母家的疏散地千叶县的船桥市。平时去祖母家,都是晚上就返回自己在墨田的家中,只有那天,他们住在了祖母家。

3月10日零时刚过,与空袭警报同时,B29的大型编队就经过船桥市上空,飞往了东京方向。探照灯灯光下银色的机体低空飞过。编队经过后,东京方向升起了赤红色的火焰。

岛津一夜没睡等着天亮,乘上了京成电车的始发车。岛津想着父亲的安危,内心很是焦急。电车在葛饰区停下,没法再往前走了。岛津下车后沿着电车线路走,过了四木桥,进入墨田市区。

一片焦土。

走了一会儿,岛津发现路边到处都是人体模型,他想着可能是服装店因空袭遭到破坏了吧。岛津走近一看，发现原以为的人体模型是烧焦的尸体。这些人的衣服、头发全被烧光，僵硬地躺在那儿，在他看来这些不像是人的身体。岛津无法再忍受周围的异臭，他用一只手捂着鼻子和嘴，朝着自己家所在的两国方向走去。

自己家也被烧毁了，岛津茫然地一直站着，发现了放在基石上的没有被烧毁的干净木板。上面以父亲的字体写着"平安无事，去了千叶"。岛津悬着的心一下子放了下来，坐在了那里。

过了一会儿，岛津想要返回船桥，他走到千叶街道（现在的京叶路），一路上有非常多的受灾群众都安心地往千叶方向走，他们的脸和衣服也都是炭黑色。龟户有一百人，不，大概有两百人堆成的尸体山，都是烧死的，上面横躺着一具露出牙齿的马的尸体。

岛津一路走走停停，到了晚上才回到祖母家，发现父亲在祖母家，父亲的眼皮肿了起来。父亲不知为什么把爆胎的自行车带来了。不论发生什么都想把家里的东西带出来点儿，父亲可能是被这种无意识驱使的。

数日后再次返回东京，岛津发现由钢筋混凝土建成的精工舍安然无恙。上到建筑物楼顶，平民区尽收眼底。往南看，能一直看到东京湾海岸边的造船厂。

东京大空袭大约三周后，府立七中举行了毕业典礼。这一年，全国中学的毕业生都缠上绑腿，歌唱《海行兮》，这是为即将牺牲的士兵送行的歌。在毕业典礼上齐声唱《海行兮》在校史上是空前绝后的，只有这一年发生过。升学组进入上级学校，剩下的人留在工厂。

岛津收到哈尔滨学院的录取通知书，离开东京是在空袭发生后的第二个月。其实岛津是想在三月底前出发,但要准备从东京到博多的火车票、从那儿到釜山的船票,还有从釜山到哈尔滨的火车票,这花了不少时间。由于非军务的民众车票会被推迟,所以比较难买。岛津不知去了几次新桥站,才买到了四月上旬的车票。没办法,岛津没赶上开学典礼。

出发当天,岛津把烧得满目疮痍的东京抛在了脑后。东京大空袭后,父母不再反对岛津前往满洲。他们认为"大陆"比日本安全。横纲町公园内的关东大地震死亡者的慰灵堂被完全烧毁。唯独樱花,仿佛与这个世界无关一样,尽情盛开。

东京大空袭的八天后,天皇视察了江东区的深川。看着被烧得满目疮痍的东京,天皇对随行的藤田尚德侍从长说:"1923年的关东大地震后,我也骑着马在市内视察过,远远比不上这次的凄惨。那会儿虽说是火灾后的废墟,可能是由于烧毁的大型建筑物少吧,从未感到如此悲惨,这次烧毁的建筑物较多,我感到更加心痛。侍从长,东京化为焦土了。"(藤田尚德《侍从长的回忆》)

如果此时日本投降的话,美军可能就不会从冲绳登陆,也不会向广岛、长崎投放原子弹了吧。还有,岛津也不会进入哈尔滨学院学习了吧。

在列车驶向博多的途中,无论是名古屋还是大阪,站前都是火灾后的废墟。但是,离开日本的岛津心中充满着希望。

将来他要成为外交官。

此时,自己会被历史捉弄之类的事,甚至是俄罗斯,他都没有想到。

第一章
开学前夜

后藤新平

出兵西伯利亚。
登陆符拉迪沃斯托克(海参崴)的日本兵

文装武备论

并非让日本恢复原貌,而是让其复兴。

这是面对关东大地震的惨况,内务大臣后藤新平的强力宣言。他提出了大胆的城市复兴计划——要将变为废墟的东京打造成另一个城市,让其脱胎换骨。

要建成能够有力抵御灾害的城市,完备的交通基础设施是必不可少的。后藤提出的构想是:以皇宫为中心,修建一到八号线,用几个圆圈,将东京连接起来。如今,环路只剩下环七线,除此之外还有内护城河线、外护城河线、外苑东线、外苑西线、明治线、山手线、环八线。另外,变为单侧四车道的昭和线、银座周边宽广的道路、舒适宽广的人行道,可以说都是后藤的功劳。架在隅田川上的白耳桥、吾妻桥、两国桥等因各自不同的设计成为独特的建筑也是后藤的设想。

描绘灾后东京的宏伟蓝图,是在台湾和满洲进行过城市建设的后藤的长项。

1857年6月4日,出生于陆中国胆泽郡盐釜村(现在的岩手县奥州市水泽区)的后藤,在福岛县的须贺川医学院学医,之后就职于内务省,1898年就任总督府的民政长官。甲午结束后,台湾被割让给日本,被日本人称为"土匪"的游击队在各地开展了激烈的抵抗运动。

在台湾进行殖民管理，后藤是最花功夫的。他认为：即使单纯靠军事力量镇压他们，也只会招来反抗和憎恨。要想让他们支持我们，要在修建道路、铺设铁路、安装上下水道等国家基础设施建设上下功夫。后藤让当地人种植甘蔗，把砂糖产业培养成台湾的基础产业。不仅是通过出口转外汇，还要让当地人在经济上独立。持有医师执照的后藤在卫生方面也希望根除疟疾等传染病。东京的下水道普及率是五成以下，在传染病盛行的贫民街还有很多地方没有铺设下水道。

如果只是一味地镇压压制，是统治不了台湾的。通过提高当地人的生活水平来缓和不满，才是长久之计。这一殖民政策后来被后藤命名为"文装武备论"。即不使用武力，通过了解对方的文化来进行统治的思想。

在台湾的业绩得到认可的后藤新平于1906年，就任南满铁路株式会社（满铁）的首任总裁。

满铁是因日俄战争的胜利，日本获得权益，管理满洲南部的铁路和租借地的公司。由于并不是领土的割让，是权益的转移，所以日本政府不能统治，只是代为管理满铁。满铁当时的创立资金是两亿日元，号称是日本株式会社中规模最大的。这一区域的面积达150万平方千米，约为日本的三倍，人口将近1500万，除了农业，看不到其他任何产业，"军阀猖狂，土匪横行"，满铁就是要统治这么个地方，而后藤被任命管理这家公司。

满铁最终要管理一万多千米铁路，但业务不仅仅局限于铁路事业，从煤炭开采到旅馆、学校的经营都有涉及。后藤在推进满洲开发的基础上，加强调查力度。调查对象广泛，包括资源开发、新的产业振兴计划，以及当地中国人的想法。对邻国俄罗斯，后藤也进行了重点调查，初期的调查部由经济调查、旧习调查、俄罗斯调查，还有监察和统计组组成。

当时的日本经济，处于纤维等主要出口制品严重被美国行市左右的状态，这就相当于被美国扼住了咽喉。为了日本的安全，需要贸易的多元化。尤其是对于缺乏地下资源的日本来说，能源的保障是必不可少的。基于此种考虑，后藤在延伸到满蒙（包含在满洲内的内蒙古区域）那一边的西伯利亚，看到了日本的未来。

因此，加强与俄罗斯的关系变得对日本有利。

虽然，后藤新平于1908年卸任满铁总裁，改任递信大臣，但他已计划在哈尔滨与"韩国统监"，后恢复原职就任枢密院议长的伊藤博文，以及俄罗斯大藏大臣费拉基米尔·可可夫切夫进行会谈。

大津事件

哈尔滨是俄罗斯人规划的城市。让我们来回顾那段历史吧。

俄罗斯正式向东方扩张，是从19世纪80年代后半期准备铺设西伯利亚铁路开始的。在1853—1856年的克里米亚战争中，俄罗斯大败给英国、法国、土耳其的军队，战败原因是运输能力的薄弱。因此，在1860年当时俄罗斯国内的铁路只有1600千米的情况下，从1867年开始，以每年1600千米的惊人速度持续修建。

其里程式丰碑是连接莫斯科至远东的符拉迪沃斯托克（海参崴）的西伯利亚铁路。符拉迪沃斯托克（海参崴）名字的由来是"东方之城"或"控制东方"。符拉迪沃斯托克（海参崴）的港口成为了东亚的物流据点，在满洲收获的农产品经铁路运到这里，再从这个港口出口到海外，对于俄罗斯来说，这里成为了重要的通往太平洋的出口。

在自然环境恶劣、人迹罕至的地方铺设约9300千米铁路的大工程，是从符拉迪沃斯托克（海参崴）和乌拉尔山脉东面的车里雅宾斯克两个方向进行的。其开工仪式于1891年5月31日在符拉迪沃斯托克（海参崴）举行。

预计出席开工仪式的俄罗斯帝国皇太子——尼古拉·亚历山德罗维奇事先访问了日本。同年4月27日，尼古拉同表弟希腊王子乔治殿下一同乘坐Azovua号巡洋舰、率领五艘随行舰抵达长崎。当时的皇太子23岁。

到达长崎后的Azovua号停靠在神户，尼古拉皇太子一行转移到京都。5月9日至11日下榻在常磐酒店（现在的京都酒店），随后前往滋贺县大津市。行程是：在大津游览琵琶湖，在滋贺县政府用午餐，然后再返回京都。皇太子一行率领着坐有俄方随行人员、日方接待人员的上百辆人力车出发。之后不久，一名巡警手持军刀朝着穿着条纹套装戴着礼帽的皇太子挥下，皇太子发出尖叫，从人力车上滚了下来。那名巡警叫津田三藏，被俄方随行人员、日方接待人员，以及其他巡警按在了地上，因此皇太子并无性命之忧，但本应是护卫的警官却差点杀死贵宾，这在日本国内引起很大震动。

尼古拉皇太子所到之处，日本民众都夹道欢迎。小朋友们都挥舞着日本的小国旗表示欢迎，皇太子一行到达之处都以最高水准的食宿招待。民众心里真正所想的是，欢欢喜喜迎接，并希望尽快送走这位号称拥有世界最强陆军的大国的殿下。

但津田不这么想，他认为皇太子来日本是为了"打探日本的国力状况和军备配置，好做战争准备，决不能让他活着回去。"

日本政府主张判处津田死刑。明治宪法规定，对皇室犯罪要判处死刑。政府的解释是，此条同样适用于外国的皇太子。社会舆论也非常害怕与俄罗斯发生战争，所以也都倾向于"判处津田死刑，问题就都解决了"的舆论。

但大审院院长——儿岛惟谦并不随波逐流。儿岛认为，刑法没有包括外国皇太子在内的道理，判处死刑不恰当。政府反驳说"国家存亡之际，不能那样进行法律解释"，但儿岛说"政府如果允许超越法律的手段，刚刚起步的立宪国家会从根本上瓦解"，并坚持了自己的信念。

由于明治天皇亲自前往尼古拉皇太子所在的 Azovua 号赔罪，因此俄方态度也并不强硬。津田三藏被判处无期徒刑，尼古拉按原定计划，参加了 5 月 31 日举行的西伯利亚铁路开工仪式。

俄罗斯的威胁

1894 年，朝鲜半岛发生了甲午农民战争，又称东学党起义。

东学党就是儒教、佛教、道教三大亚洲宗教（东学）和起来，想要对抗西欧基督教（西学）的宗教结社。当时，在因物价高涨而挣扎于艰苦生活中的农民中，有许多信徒，这就是"东学党起义"的由来。

对于朝鲜历史上的首次民众起义,朝鲜政府请求清政府和日本出兵。朝鲜政府借助外国军队的力量,镇压本国农民的做法,导致政府最终失去了民众的信任,另一方面,中日两国围绕对朝鲜的影响力开始对立。

中日两国的关注点不同。清政府想要朝鲜还像过去那样是自己的属国,而日本想要让朝鲜成为独立的国家。如果欧美列强因什么契机占领朝鲜半岛的话,日本靠夹着玄界滩就会成为列强的威胁。日本担心清政府会给俄罗斯侵略朝鲜的机会。

7月,中日两国在丰岛海域展开战斗。8月1日正式宣战。

战争以日军的压倒性优势进行,日本以棉纺织业、采矿业、铁路业为核心的企业已经蓬勃发展。清政府为筹措战争费用,向英国和德国共计借款四次,以日元换算将近8000万日元。

日本陆军在同年9月占领平壤,11月占领辽东半岛。海军也在黄海海域取得胜利,掌握了制海权,1895年2月在威海卫攻击中歼灭北洋舰队。

从此开始,欧美列强开始劝和。

战况对日本有利,因此,在日本国内,乘胜追击从清政府那儿尽量多捞战利品的声音强烈。但迫于列强的压力,以及清政府放出的讲和信号,同年4月17日,在马关,全权代表日本的伊藤博文、陆奥宗光和全权代表清政府的李鸿章召开了议和会议,签署了《马关条约》。

其主要内容如下:①中国承认朝鲜独立;②中国割辽东半岛、台湾、澎湖列岛给日本;③赔偿日本二亿两黄金(约三亿一千万日元)等。但在《马关条约》签署六天后,俄罗斯、法国、德国要求日本放弃辽东半岛。

清政府也不想把自己的利权分给日本。三国以此为借口,进行武力威胁,日本最终没办法,以三千万两黄金(约四千五百万日元)赔偿金做交换,把辽东半岛还给了清政府。即所谓的三国干涉。

成为其核心的是俄罗斯。该国在第二年与清政府缔结了秘密合约。内容是:①如果日本侵略俄罗斯、中国、朝鲜,俄罗斯要以全部兵力进行支援;②缔约国一方不得单独与敌方讲和;③交战中中国港口要对俄罗斯军舰开放;④为确保俄罗斯陆军的援助,清政府同意修建横跨黑龙江、吉林两省,至符拉迪沃斯托克(海参崴)的铁路;⑤允许俄军在战争期间、平时使用铁路。

尤其是第④条,对于日本来说是不能略过的。开工修建西伯利亚铁路的俄罗斯,如果能铺设从东西伯利亚横跨满洲的"俄清铁路",到符拉迪沃斯托克(海参崴)的距离一下子就缩短了,也就是说俄罗斯的威胁直逼日本海。但俄罗斯与清政府的谈判始终都按照俄罗斯的步伐进行。甲午战争战败后,军事功能瘫痪的清政府没有功夫与身经百战的俄罗斯外交对等争斗。当时的俄皇是尼古拉二世。就是五年前在大津被警官刺杀的那位,在其父亲亚历山大三世死后,继承了皇位。

缔结《中俄密约》的俄罗斯获得了"俄清铁路"(后改名为中东铁路)的铺设权,铁路从位于与中国交界的贝加尔进入满洲里,经过哈尔滨,一直连到符拉迪沃斯托克(海参崴)。然后,在1898年,俄罗斯成功获得辽东半岛25年的租借期,还通过签订旅顺、大连湾租借条约,获取了远东的不冻港,这是俄罗斯长久以来的梦想。

俄罗斯稳步地扩大着在东方的影响力。而对这种形势,日本只能袖手旁观,别无他法。

新兴城市哈尔滨

哈尔滨被选为中东铁路最大的据点。

此地位于黑龙江支流,松花江一带的广阔湿地地区。俄罗斯的技术人员、工人、医生,以及俄罗斯帝国的护卫兵哥萨克先遣队70人,从符拉迪沃斯托克(海参崴),乘坐30辆马车,花费约一个月的时间来到这个仅有几户人家的地方。这是1898年4月的事情。

哈尔滨在满语中是"晒渔网"的意思,蒙古语中是"平地"的意思。同年5月两艘俄罗斯船靠岸,松花江河畔的填埋工程开始了。

在建设哈尔滨时,虽然活用了曾经建设过涅瓦河河口湿地带的宏伟都市圣彼得堡的经验,但即使从人口集中的圣彼得堡附近召集工人也不够,所以动员了很多中国人。来到哈尔滨的中国工人在修建铁路后也留在了这里,在车站附近和松花江的码头开商店和饭店。同时移居到这里的俄罗斯人也在增加,哈尔滨成为了中国人和俄罗斯人混杂的城市。

第一个来到哈尔滨的日本人是妓女——宫本千代。

西伯利亚铁路的建设一开始,在符拉迪沃斯托克(海参崴)除了中国和朝鲜的建设工人,漂洋过海而来的日本人也在增加。他们大多经营进口商品店、理发店、洗衣店、照相馆、妓院等服务行业。

其中尤以日本人经营的妓院历史最为悠久,日本人早在1875年就在符拉迪沃斯托克(海参崴)开店。在那儿工作的女性是长崎、熊本的天草、福冈、山口等地出身。人都是贫农、外出打工的煤矿工人或是明治维新后落魄的士族的女儿，被卖的时候基本上是十到十五岁。她们被强行买来，被中间人骗说"大陆有好工作等着"，然后被骗上了船。

在异国他乡卖身的她们被称为"打工妹"。这一称呼是从"去唐天竺（大海对面的国家）打工"的意思而来。以俄罗斯人为对象的女性们也被称为"俄罗斯妓女们"。

为了追求符拉迪沃斯托克（海参崴）的常客俄罗斯军官，宫本千代从中东铁路铺设工程开始那年，就搬到了哈尔滨住。那之后，在符拉迪沃斯托克（海参崴）的日本人中，想要进一步把生意做大的人，或是活不下去想来内陆谋出路的人都来到了哈尔滨。此地被称为欧美列强、俄罗斯人、日本人为所欲为的"满洲内厅"，私卖吗啡等非法贸易横行。

1901年住在哈尔滨的日本人人数约为300人，之后上升到850人，来到"大陆"的日本人在增加，另一方面日俄间的军事紧张氛围也在高涨。

日俄战争告一段落

1904年1月12日，日本御前会议决定发动对俄战争，两国间的战争拉开了序幕。

同年12月5日，旅顺沦陷。该地略高的山丘、二零三高地是俄罗斯的要塞，挖成四角形的射击口上架设着最新型的机关枪。可以称为俄罗斯远东军据点的旅顺落入了日本陆军之手。

攻下旅顺的日本在第二年，占领了奉天，日俄战争的主战场转向日本海。

1905年5月27日，日本联合舰队在对马海峡与波罗的海舰队对峙。波罗的海舰队装备的炮弹是能够穿透厚厚的装甲，在舰艇内部爆炸的穿甲型，而联合舰队的炮弹是少数国家拥有的英国制造的榴弹型。一旦命中立马爆炸，碎片向四周飞散。它可以在瞬间夺去周围的氧气，让水兵们陷入缺氧状态。

波罗的海舰队的三十八艘中，以六艘战舰为首的十九艘被击沉、被捕获五艘、被扣留八艘、两艘在逃跑的途中触礁沉没了。能够进入符拉迪沃斯托克（海参崴）军港的只有一艘巡洋舰、两艘驱逐舰、一艘运输船，共计四艘。而日本方面只有三艘水雷艇被击沉，日本海海战以海军大将东乡平八郎率领的联合舰队的压倒性胜利告终。

在两天后的5月29日的《纽约时报》的头版头条，大大的标题刊登着《海军大将东乡粉碎俄罗斯舰队！》。

尽管战况不利，俄罗斯也并未对日本提出议和要求。因为一旦发起战争，只要是皇帝认可的战争就要继续下去，这是俄罗斯的态度。

结果，尼古拉二世，以接受德国威廉二世劝告的形式，决定接受和平谈判。另一方面，日本要求美国总统罗斯福担任日俄和平谈判的调停人，1905年9月5日，在美国新罕布什尔州的军港朴次茅斯，日方全权代表小村寿太郎外相与俄方的原藏相维特，互相交换了以下内容的日俄和平条约。

①日本在朝鲜半岛拥有政治上、军事上，以及经济上的最高

利益，俄罗斯不得妨碍、干涉日本在朝鲜的指挥和监管；②俄罗斯将旅顺港、大连及其附近的领土（关东州）和领水的租借权以及构成其一部分的所有权、特权转让给日本；③中东铁路中，将长春与旅顺之间的铁路以及沿线矿山等其他附属权转让给日本；④北纬50°以南的萨哈林岛（库页岛）转让给日本；⑤濒临日本海、鄂霍次克海以及白令海的俄罗斯所属沿岸的渔业权，承诺给予日本国民。

沉浸在胜利喜悦中的日本国民在《朴次茅斯和约》中幻灭。赔偿金全无，不仅没把俄罗斯赶出满洲，还要大幅度让步。因战争期间军费增加，日本国民忍受艰苦生活到底是为了什么？国民对胜利的喜悦热潮急速冷却，不满情绪高涨。

《朴次茅斯和约》签署当天，以此为辱的反对议和国民大会在日比谷公园召开，聚集的数万群众和想要解散大会的警官发生了冲突。他们拥至首相官邸、内相官邸、政府下属报社，放火焚烧派出所。这就是日比谷烧砸事件。

此外，从战争的实际情况来看，日本为筹措高额的军费，沦为了债务国。甲午战争的时候，从钱到武器都是全部自己负担的，但日俄战争的费用是其6倍以上，17亿日元之多，其中10亿日元是通过增加税收凑出来的，其余7亿日元是通过在伦敦和纽约发行的外债收益筹得的。

明治初期的政治家中有人认为"国家基础是财政独立"。

他们认为，无论有多少兵力，要是财政贫乏国家就会灭亡。通过跟外国借款来维持财政等同于日本是外国的殖民地。

甲午战争中没有向外国借钱的日本，在与俄罗斯的战争中触犯了那个禁区。日本海海战后,面对向满洲增加军队的俄罗斯,对于已经没有余力继续战争的日本来说,《朴次茅斯和约》也是一个合时宜的买卖。

美国之所以扮演调停者的角色,是因为相对于想要把满洲收入囊中不对外开放的俄罗斯,日本在名义上是为门户开放而战,美国是出于大陆市场的开放会大大增加美国的投资机会而考虑的。但是少有日本人注意到了这一点。

俄罗斯革命的冲击

在哈尔滨的日本人虽然因1904年日俄战争的爆发而减少,但如果修建中东铁路,移居来的日本人又会增加,因此在1907年,设立驻哈尔滨日本总领事馆。

日俄间的战后处理暂时结束,接下来,要增强两国的互信关系。后藤新平认为,为此而举行的伊藤博文和可可夫切夫的会谈在哈尔滨进行比较合适。目的是让在日俄战争中战败也并未放弃满洲的权益的俄罗斯,再次承认日本在满洲和朝鲜半岛的权益。

1909年10月,伊藤博文到达哈尔滨车站。对于日本来说,这是新的外交政策的开始。但是,随后发生了让后藤抓狂的事件。站在车站前的伊藤被手持勃朗宁手枪的朝鲜青年暗杀。此人是安重根,是朝鲜民族独立派的一员。

1904年2月23日,处于日俄战争中的日本与朝鲜间签署了日韩议定书,限制物质性的军事合作。同年8月,签订第一次日韩协约,规定在朝鲜政府的财政顾问、外交顾问中安插日本政府的推荐人。接着在第二年 11 月,签订第二次日韩协约,即《日韩保护条约》,规定在汉城(现在的首尔)设立日本政府的代表机构统监府。这就是从朝鲜手里接过其外交权,成为朝鲜的保护国。

担任首任朝鲜统监的是伊藤博文。他在朝鲜民族主义者眼里是日本统治的象征,是憎恨的对象。

伊藤博文暗杀事件发生后,后藤很是自责,以后藤为代表的外务省中重视对俄关系的人也都感到很震惊。那之后,虽然日本的对俄外交停滞下来,但在哈尔滨车站迎接伊藤一行的总领事馆人员,被流弹击中负伤的川上俊彦,在持续关注着俄罗斯。

在东京外国语学校(如今的东京外国语大学)学过俄语的川上,1884 年毕业后进入外务省,担任符拉迪沃斯托克(海参崴)的贸易事务官。日俄战争时期,指挥过在俄的日本人回国,在二零三高地激战后的旅顺,也担任过两国停战协定的翻译。川上是外务省一流的俄罗斯通。

伊藤暗杀事件后,川上去了满铁。在他担任该公司理事的 1917 年 11 月,俄罗斯发生了革命。

列宁率领的布尔什维克掌握了权力,1918 年 7 月,被幽禁在乌拉尔的城市——叶卡捷琳堡的沙皇尼古拉二世一家,在没有公开审判的情况下,就被布尔什维克枪杀,由此在俄罗斯国内,混乱演变成革命军和皇帝支持派(白卫军)间的内战。

在俄罗斯革命发生的五个月前,即 1917 年 6 月,川上为了探查动荡的俄罗斯内情,从满铁总公司所在的大连出发,经过哈尔滨,前往满洲里。进入俄罗斯境内后在赤塔换乘西伯利亚铁路,一路前往莫斯科。

来迎接川上的是满铁职员,在莫斯科留学的井田孝平。1879年生于东京的井田,1901年毕业于东京外国语学校的俄语专业,所以正好是川上的学弟。毕业后井田担任陆军大学教授,但又转到满铁调查部,从1916年开始预计在俄罗斯学习两年。

川上在井田的带领下考察了骚动不安的莫斯科后,于7月离开该地,坐上了伏尔加河上的客船。"有空的话也稍稍游览一下"是井田的安排。初夏明亮的阳光洒在甲板上,二人站在甲板上分析着俄罗斯的现状,不断讨论着以后的对俄政策。川上认为应该往西伯利亚派兵,令革命受阻。英国和法国为了打倒苏维埃革命势力,偏袒白卫军,日美两国制订了鼓吹共同占领西伯利亚铁路的军事干预计划。

川上认为日美两国作战一定会成功,对此,井田是这么说的:"今后的日本无视俄罗斯是无法生存下去的。日本需要培养更多的掌握俄语的人才,为此当务之急是建立学校。"

井田说,为了将来和俄罗斯往来,就必须培养那方面的专家,往西伯利亚派兵还有待商榷。井田预测到了革命的成功,看到了前方。

但是,日本政府接受了美方的提议,决定向符拉迪沃斯托克(海参崴)派遣与美国同等数量的陆军7000人。1918年8月2日,日美发表共同出兵宣言,日军和美军分别在同月的12日和16日开始登陆符拉迪沃斯托克(海参崴)。

"令俄罗斯革命受挫,将日本的影响力扩大到东西伯利亚的贝加尔湖。"如此考虑的寺内内阁和参谋总部以"保护在西伯利亚远东的日本侨民"为由,向直至北满洲的广阔地区,实施派遣日军的计划。还支援西伯利亚各地的反革命势力，支持白卫军的格里戈里·谢苗诺夫将军领导的外贝加尔军政府。

谢苗诺夫是贝加尔湖以东的外贝加尔地区的哥萨克出身。

哥萨克在俄罗斯历史上出现是在 16 世纪末。当时，黑貂的毛皮是贵重的商品，为了搞到黑貂毛皮，人们开始滥捕黑貂，导致黑貂濒临灭绝。此时，在西伯利亚探险的人带回消息说，在乌拉尔山脉的西面生活着很多毛皮兽，所以俄罗斯皇帝为了派遣先遣部队去开辟未开垦的土地，注意到了哥萨克。

哥萨克的军装上身是帽子和立领的俄式衬衫，然后是肥肥大大的马裤和靴子。他们生活在特别军事管理区，平时从事农耕，一旦有事就作为士兵战斗。对俄罗斯皇帝尽忠的交换条件是土地使用的特权。他们寻找黑貂，然后用小型火器威胁西伯利亚的原住民，强征毛皮，作为贡税。在选好的路线的要地设置原木做的要塞，一旦捕完毛皮兽就再往东前进，直至 1648 年在太平洋沿岸建造了堡垒。

格里戈里·谢苗诺夫是他们的后裔。与革命政府对立的谢苗诺夫自称为"特别满洲里支队"并组成军队，成立了外贝加尔军政府。日本政府之所以要支援他，是因为日本政府认为"这里如果产生反共国家，来自俄罗斯的直接威胁就会减半"。但外贝加尔军政府因内乱和革命军的攻击而瓦解了。

出兵西伯利亚，除了美英法外，意大利、加拿大、中国分别派了少数的部队，与联合国共同采取行动。然而，各国的步调并不能一致。即使日军要求紧急支援，美国也是旁观事态的发展，日军的行动已经远远超出日美间的协议，日军派遣了 73000 人的大部队，美国对此表示抗议,因为这与各国想要增强对俄影响力的想法相矛盾。

不久,英国和法国明确了中止干涉革命的方针。1920年,美国也通告日本停止出兵,同年4月1日完成撤退,欧美列强试图阻止革命的计划落空。但只有日本以"过激派的势力恐会波及朝鲜和满洲"为由,拒绝撤兵。日本经不住扩大派兵的诱惑,迟迟不肯撤兵。

同盟国是英国,还是俄罗斯?

1918年,结束在莫斯科的留学,在满铁调查部复职的井田,起初计划由满铁设立俄语学校。但是,即使是满铁,也处在俄罗斯革命的混乱之中,因此井田的提案不得不被判定为是不现实的。

于是,井田通过川上捎话给东京日俄协会。

日俄协会,是1902年7月设立的以日俄两国的通商、外交、文化交流为目的的外务省所属团体。当时的《东京经济杂志》报道称"是为沟通日俄两国的民意、发展通商贸易而发起的"。

日俄协会的首任会长是榎本武扬。他在幕府末期守卫箱馆的五棱郭,与官兵对抗,明治维新后担任驻俄公使。榎本武扬代表日本与俄罗斯签订了《桦太千岛交换条约》(1875年)。

在此之前,桦太是个日本人和俄罗斯人混居的岛屿。俄罗斯发现北桦太埋藏着煤炭,便送去囚犯作为劳动力,日本人主要移居到渔场较多的南桦太,可以捕到鲱鱼、鲑鱼、鳟鱼。但日俄并不能相安无事地在南北分开居住,俄罗斯士兵向南桦太的日本渔民开炮之类的事不断发生。于是,榎本前往俄罗斯当时的首都圣彼得堡进行谈判,以让出桦太为交换条件,获得千岛群岛的所有权。

当时的榎本外交,在日本国内被称为"屈辱外交",遭到了猛烈抨击。但日本如果要把整个桦太变为自己的领土,除了往岛上派兵进行占领外别无他法。日本不具备能让俄军撤退的军备,因此,榎本的谈判可以说是极其现实的。

结束在圣彼得堡日本领事馆的任务后,1878年7月,榎本从圣彼得堡乘坐夜车到达莫斯科,换乘火车和马车后,就去穿越西伯利亚。在旅途上,他仔细观察西伯利亚的地质、地理、气象、植物、矿物(尤其是沙金收集),其他普通产业、贸易等,涉及范围广泛。他关注的不仅仅是自然科学和经济,也关心政治和军队、风土人情等,榎本将那些内容详细地记录到日记中。

考虑到西伯利亚在军事上的重要地位,俄罗斯对外国人在国内的调查极其警惕。而榎本能在各地收集详细的信息,是因为得到了俄罗斯政府的信任。《西伯利亚日记》是榎本穿越俄罗斯大陆的成果,里面详细记录了只有成为俄罗斯人才能得到的当地情形。但他在回国后没有发表,大概是不想刺激俄罗斯吧。《西伯利亚日记》被发现是在榎本死后,关东大地震时,其妻子在家里发现的。

认识到俄罗斯的存在对于日本的将来是多么重要的榎本,出任日俄协会首任会长可以说是当之无愧的。但是,日俄协会在表面上倡导两国的友善,同时还对向亚洲扩大势力的俄罗斯抱有戒心,也想利用日俄合作牵制伺机向亚洲扩张的美国等,隐约可见各种各样的政治考量。

日俄协会设立的那年1月,日英缔结同盟。

当时,在日本政府内部围绕外交,分为对俄重视和对英重视两派,相互对立。前者的代表是伊藤博文,后者的代表是外务大臣小村寿太郎。

英国加强了对俄罗斯封锁的态势。一旦西伯利亚铁路完工,拥有世界头号陆军的俄罗斯,就不再受英国制海权的阻碍,其军事力量可从莫斯科行使到中国、朝鲜,还有日本。想要自己主导这一切,挑战国际政治的英国,选择日本作为同盟国,试图从东西两侧牵制俄罗斯。

伊藤认为日英同盟对刺激俄罗斯是没用的。为了缓解日俄间的摩擦,他于1901年12月访问了俄罗斯。认为"如果日本继续与英国一个鼻孔出气的话,与俄罗斯的军事冲突是不可避免的"的伊藤,从首都圣彼得堡给桂太郎首相打电话说"要让日俄协定优先,日英同盟应该后延"。

伊藤认为日英同盟,是英国因想避免与俄罗斯交火,让日本替其打仗而结的。

然而,日本政府选择了与英国结盟。

"缔结日英同盟"这一消息让日本国民欢呼雀跃。

日本与强大的大英帝国结成了对等的同盟关系,实现了脱亚入欧。从此日本也加入到世界一流国家的行列。

日本国民在二重桥大门前和英国公使馆前不断山呼万岁,挥舞着太阳旗和英国国旗,举国欢腾。后来,因为日俄战争的胜利,"加入世界一流国家行列"的兴奋心情更加高涨。

寺内正毅就是在那时就任日俄协会第二任会长的。寺内就任日俄协会会长之后,又担任陆军大臣,第三任朝鲜统监,后升至总理大臣,寺内也是日英同盟派。当然,日俄战争的胜利给日英同盟派长了士气，而俄罗斯革命更让寺内确认了俄罗斯的威胁。

一位记者的眼光

当时，能从客观角度看待俄罗斯的政治、文化、国民生活等的日本人为数不多，大庭柯公就是其中之一。1872年，大庭出生于山口县，24岁的时候开始在符拉迪沃斯托克（海参崴）日本人经营的商行工作。他两年后回国，成为陆军参谋总部的翻译官，在日俄战争后，大庭再次进入符拉迪沃斯托克（海参崴），却因间谍嫌疑被拘押、强制遣送回日本。

大庭再次有机会进入俄罗斯是在第一次世界大战期间（1914—1918），成为报社记者的他前往彼得格勒（现在的圣彼得堡），将有关战况和爆发于战争中的俄罗斯革命及其之后的内战的报道发回国内。在大庭柯公所写的《俄国及俄国人研究》（中公文库）中，他是这样记录俄罗斯人的特性的。

"一方面富有慈悲仁爱之心，另一方面又如猛兽般狂暴，是极其矛盾的个体，俄罗斯人通常兼具这两个矛盾面，好像两面都有……"

大庭分析俄罗斯革命，是工人、农民达到忍耐极限后，折回到与之前完全相反的方向。他将这场革命定位为迄今为止的历史的延伸。

1825年的十二月党叛乱，是亚历山大一世时代，革命性叛乱的起始。这种思想是再往前十几年，在知识分子阶层培养出来的。

十二月党人是号召废除俄罗斯专制和农奴制，发动武装起义的贵族军官们。取这个名字是因他们在十二月发起行动，但最开始要追溯到俄罗斯与拿破仑一世的战争。

1812年,为了对付进入莫斯科的拿破仑一世,俄军在城市化为废墟、粮食所剩无几的情况下展开奋战。又因寒冬的到来,所以拿破仑的军队撤退。亚历山大一世与俄军打败拿破仑军队,然后进入巴黎。

但本应是战争胜利者的俄军将校和士兵在法国首都,被敌国文化所吸引。建筑物、音乐、绘画、戏剧,还有城里人的生活,无论哪一方面都比俄罗斯优越。青年军官在法国接受了革命的洗礼。战争期间,与俄罗斯农民出身的士兵同吃同住,也了解到农民在俄罗斯的悲惨生活的他们,带着激进的思想回到俄国。

"也就是从1810年开始,俄国贵族子弟开始渐渐到巴黎留学,巴黎学成归来的青年贵族和青年将校等都拥有法兰西思想,他们回来的时候正赶上法兰西几次小革命的时代,即从1810年一直到二月革命,所以,可想而知他们是带着什么样的思想回国的。"

大庭如此记录俄罗斯人的思想观点大概是善意的。他评价说,作为横跨欧亚大陆的多民族国家,俄罗斯人种差别少,对待外国人态度温和。

"在宣扬黄祸、小日本灭国之类言论的德国、美国,日本人无论如何也享受不到在俄罗斯遇到的那种无差别性的款待。"

另外,他预感到,从俄罗斯帝国时代延续下来的坚固的官僚国家,即使成为联邦共和国也会继续存在。因为在历史中养成的国民性,不会因政治形态而轻易改变。

同时,大庭也不缺乏对在俄罗斯经商的可能性的眼光。在日本卖二钱一个的柑橘,在俄罗斯能卖到37~48钱的惊人价格,他说:"在朝鲜的日本果树园主如果乘坐西伯利亚铁路,在莫斯科、彼得格勒销售的话,是不错的买卖。"

1921年5月,当革命军和皇帝派在俄罗斯继续激战的时候,大庭为了采访远东共和国,去了东西伯利亚城镇——赤塔。途中顺路到了哈尔滨,该月30日在日俄协会学校进行了演讲,但在不到一个月之后,即6月24日,他发出最后一篇报道,之后人们就失去了他的消息。时至今日也不知道大庭的行踪。

日俄协会学校的设立

协会的干部后藤新平迎接了来访日俄协会的井田孝平。后藤是寺内内阁的外务大臣,是决定出兵西伯利亚的负责人。对于井田来说,后藤相当于是满铁的上司,但他离开满洲已经很久了。井田担心,在"大陆"与俄罗斯直接面对面的满铁和本土的日俄协会在对俄态度上差别很大。

但是,听了井田的设想后,后藤竟然很容易就同意了井田的想法。因伊藤博文被暗杀而落空的自己的对俄计划,在与川上俊彦、井田孝平兜兜转转之后,仿佛又回到了自己的原点。他们约定全面支持为培养俄罗斯专家而设立学校的想法,后藤申请担任哈尔滨日俄协会学校创立委员会的委员长。

如果录用厌恶革命,离开俄罗斯的知识分子作为教师会怎么样?当时,移居到哈尔滨的支持俄罗斯皇帝的知识分子阶层在增加。难道这不是个好机会吗?

后藤提出了议案。

日本当时的情报收集,靠的是相当于冒险小说一样的活动。

例如,哈尔滨学院第 25 期学生神代喜雄的父亲喜代次,他于 1916 年 5 月听了乡里左贺的前辈大隈重信的演讲后,决定前往满洲。

"青年们啊,把眼光放到大陆。中东铁路是贯穿满洲的一根线。是从俄罗斯继承下来的一个摆件。真正有勇气的人,不会仅仅依赖这条红线,而是有自信置身于中国内地的民族之中的。"

没有按预想进行的移民计划就发生在大隈发表演讲的背景之下。尽管后藤新平计划移民 50 万人,但侨居满洲的日本人从 1910 年年末(75000 人)开始并没怎么增加。第二次组成大隈内阁的两年前,日本在第一次世界大战中对德国宣战,占领了德国拥有权益的中国青岛。进而第二年日本明目张胆地对中国提出了对华《二十一条》:"德国将在山东省拥有的权益转让给日本""延长中东铁路的权益期限""在中国政府中安插日本人的政治、经济、军事顾问"等。这激怒了袁世凯大总统。在大隈看来,虽然日本在中国的权益在扩大,但为什么日本人不来大陆呢?可能是对现状不满吧。

喜代次立马响应。第二天,他就以立领衣服配帆布鞋、鸭舌帽配手杖的行头,带着包袱离开了大连港,从大连乘坐火车前往奉天。在奉天的警察署里,有一个做柔道老师的同乡前辈。前辈不在的时候,喜代次担任代理老师,并收集满洲的情报。

喜代次的最终目的地是哈尔滨。他从奉天的日本领事馆获得了出国护照和持手枪许可证,穿着中国服装,将布朗宁手枪挂在腰间,经过长春,一路向北。当喜代次好不容易到达哈尔滨的时候,正好是俄罗斯革命前夜,布尔什维克和俄罗斯皇帝的密使等都有暗中行动。喜代次想着他也算是个够格的间谍了。

大陆浪人不喜欢动不动就拨弄算盘，在商业交易中，许多人是靠感觉和胆量一决胜负的。他们不喜富贵、不修边幅，口口声声高喊大亚细亚主义，自称为壮士，是那种无论好坏都不会纠结于细节的类型。

但是，在苏联这个世界首个共产主义国家诞生的当时，比起铤而走险获取当地情报的大陆浪人，日本更需要能够开展正面攻击性和系统性调查活动的人才——这是后藤的想法。日俄协会在1915年设置调查部，接着着手建立哈尔滨商品陈列馆。该馆是满铁设立的商社，是日本对苏贸易的实质性窗口机构。之前是符拉迪沃斯托克（海参崴）的日本总领事馆执行对苏通商的窗口职能，但由于在符拉迪沃斯托克（海参崴）设立外国机构变得困难，哈尔滨就接替了该地的职能。虽然日俄协会已经开设了俄语培训所，但还是想要建立一所真正的俄语学校。这件事让日俄协会学校负责比较好。

对于滔滔不绝的后藤，井田深感佩服，同时也感受到了某种危险。

后藤是否被自己丰富的想象力牵着鼻子走了？

后藤的做法有时被称为"说大话"。他擅长提出国家层面的大构想，为了实现它不惜收回前面的话，有时会采用他认为的最佳方案。"说大话"就是指这种做法。"与俄罗斯合作"和"出兵西伯利亚"都是他的主意，后藤的内心难道不矛盾吗？对于这么想的井田，后藤想当然地说：

"你来做校长吧。"

1920年5月,日本各地举行了日俄协会学校第1期学生的入学考试。题目会因县不同而有些许差异,比如长野县的笔试科目是英译日、日译英、地理、历史、数学、中文、国语,地理的问题是"画出朝鲜的简略地图,标出重要的山脉、河川、铁路、城市、港口",历史的问题是"阐述世界大战和约的要点"。

然后,在同年9月24日,各地选拔出来的学生在东京市麹町区内幸町的日俄协会总部集合,在台上升起闲院宫载仁亲王亲授的校旗,举行了日俄协会学校的开学仪式。后藤新平于同年2月就任日俄协会第三任会长。

当时,发刊的小册子《应试与学生》是这样写在哈尔滨设立日俄协会学校的理由的:

一、学生不仅能常常接触到俄国人,实际练习俄语,研究其经济情况,还能够亲眼见到他们的风俗、人情、习惯,并进行研究。

二、研究日语的俄国人也能获得同等的好处。

三、哈尔滨处于俄国内讧的范围外,因此学生可以平静地上课。

四、对于西伯利亚、南北满洲,哈尔滨占据要塞位置,所以是教育指导立志于此的学生最合适的地方。

五、相比于符拉迪沃斯托克(海参崴),哈尔滨在获得校舍用地和建筑材料上比较方便。

设立日俄协会学校的第三个理由中的"俄国内讧",那时依旧在继续,日军仍留驻。但是军费已经见底,继续这样留驻的话,财政会被逼到破产,所以1922年10月25日,73000人的日军从符拉迪沃斯托克(海参崴)撤军。接着12月,第一次全联邦苏维埃大会在莫斯科召开,苏维埃社会主义共和国联盟正式建立。

后藤为了把政策转向与苏联建立外交关系,第二年2月1日,在东京与苏联外交官越飞,举行了会谈,就日苏恢复邦交交换了意见。日苏建交是在1925年1月。

对于进入日俄协会学校的学生,后藤常常这样说:

"不要害怕苏联的共产主义,一定要研究,为什么不足50万人的布尔什维克能够推翻俄罗斯帝国。"

于是,学生们就继承了后藤新平的"说大话"传统。

第二章
心怀矛盾

第1期学生的相册。
左上一是岸谷隆一郎

站在讲台上的俄罗斯教师

二野亭四迷的心思

哈尔滨学院史编辑室的《哈尔滨学院史》(惠雅堂出版社),是以毕业生投稿为主,编辑成的近50页的记录该校概要和历史的书籍。出版方惠雅堂出版社,是由哈尔滨学院第24期学生麻田平藏(原姓渡边)创立的公司。麻田是哈尔滨学院毕业生协调员。以下关于哈尔滨学院的历史、学校生活和授课课程的许多内容都出自《哈尔滨学院史》。

日俄协会学校是按照日本的学制作为专科学校开始的,修业年限是三年,各年级的定员是50名。第1期,向日本招生37名,当地入学16名,共计53名。年龄从18岁到31岁,年龄跨度大,是因为有人在满铁工作后,感到需要学习俄语,然后才入学。

开学典礼后,教职工和学生参拜了明治神宫,坐夜行列车从东京站前往伊势。第二天,参拜伊势神宫。1920年9月26日正午乘坐"嘉仪"号从神户港前往门司港,然后前往大连。一行人在礼节性拜访了大连的满铁总公司后,乘坐满铁的快车北上,在长春换乘中东铁路,10月2日上午10点到达哈尔滨,与当地班会合。在哈尔滨做开学准备的井田孝平迎接了他们。井田站在并排立着四根白石灰柱子的中央入口前,抑制着激动的心情,强装镇定。他和川上俊彦自从在伏尔加河聊过后,已经有大约三年时间没见过面了。

就任日俄协会学校首任校长的井田，在第1期学生到来之前，想起了东京外国语大学俄语专业的恩师长谷川辰之助教授的事情。教授几乎与上课铃声同时进入教室，以严肃的表情坐到椅子上，先摘下眼镜用手绢擦拭。然后用铅笔笔尖数学生的人头数，核对点名册的人数后，用有名的口气开始讲课，他的课并不会使学生厌烦。

长谷川以"我半辈子的忏悔"为题用随笔的方式回顾了自己的过往。

"……第一，为什么我会喜欢文学，对此首先必须要从学习俄语的缘由说起。是这样的——无论如何日本和俄国之间发生了萨哈林岛（库页岛）、千岛群岛交换事件，在社会上引起了相当大的轰动，之后《内外交际新志》之类的书籍，积极鼓吹要同仇敌忾。因此，社会舆论沸腾的时代到来了。那么，我从小时候就一直抱有的思想倾向——应该说是维新志士的气质，昂首抬头，即慷慨忧国的社会舆论与我的那种思想相撞。因此，将来成为日本深忧大患的必定是俄罗斯，趁现在一定要想办法防着这家伙……"（二叶亭四迷《平凡·我是怀疑派》讲谈社文艺文库）

生于1864年4月的长谷川在"萨哈林岛（库页岛）、千岛群岛交换事件"的当时，是11岁。根据他文语一致的随笔可知，他是为了了解敌人而开始学习俄语的。之后，长谷川在符拉迪沃斯托克（海参崴）和哈尔滨从事间谍工作。

回国后的长谷川用"二叶亭四迷"这一奇怪的笔名，创作小说，还翻译了屠格涅夫的《初恋》，在日本首次介绍了俄罗斯文学。接着到朝日新闻报社圣彼得堡分社担任特派记者。然而，他在当地患上了肺结核，1909年5月，在回国途中，船行驶到孟加拉湾时去世。

当时到圣彼得堡赴任的长谷川,不仅向日本人介绍了俄罗斯文学,也向俄罗斯人传播了日本文学的优秀之处,想要开始日俄翻译。原因是:"如果这个世界的人民不想要战争,那么战争就会消失,因此首先是日俄两国想法的沟通,而语言的理解是不可或缺的。"

井田将目光投向进入校门的一个个穿着藏青色呢绒立领上衣的新生,期待在这中间会有第二个、第三个长谷川辰之助。

破天荒的学生们

在第1期学生里有个叫岸谷隆一郎(原名为岸谷一郎,1940年改名为岸谷隆一郎)的青年。

他的侄女岸谷和写了一本关于伯父的手记《大陆的青色夕阳——作为日本民族自我批判的一角》。从副标题"日本民族自我批判的一角"可知,这是一本会严厉批判伯父的经历以及当时日本形势的书。

被小时候的岸谷和称为"满洲的伯父"的隆一郎,1901年作为青森县黑石町的铁匠家的长子出生。隆一郎因柔道锻炼出健壮的体格,学习也好。隆一郎曾有这样的趣事,小学五年级的时候,因阅读中学的教科书,被任课老师说"第二节课回来也可以"。

隆一郎的老家虽然也经营农业,但生活并不轻松。隆一郎有个弟弟,叫俊雄,性格与哥哥不同,成熟稳重,一边在家里的铁匠铺帮忙,一边在椅子和棉布垫中夹入早稻田大学的讲课笔记,埋头认真阅读。俊雄看着无论怎样工作生活都不会变得轻松的父母,开始热衷于马克思主义。

隆一郎对俊雄的通过革命消除贫富差距，创造人人平等的社会的志向表示理解，但他认为共产主义运动很容易被政府摧毁。马克思主义涉及否定天皇制。可是，他真的可以忽视与自己处在同样境遇中的东北地区农民的艰苦吗？隆一郎有这样的想法。他继续自问，得出了一个结论。

充分利用通过日俄战争胜利获得的权益，让日本人的生活变得富裕，这不比左翼运动更加现实吗？

隆一郎决定参加新设立的日俄协会学校的入学考试，在青森县11个应试者中，他被选为唯一一个县公费留学生。

除了岸谷隆一郎，来自日本全国的特立独行的秀才们也都聚集到了哈尔滨。德武良信称："他们身高近六尺，面色红润，皱着眉头，戴着厚片近视眼镜，而且全部都是运动爱好者。"他们吃饭的样子也讨喜，能吃光其他学院学生两倍的量。但他们头脑清晰，口才好，所以德武给他们起了个绰号叫"托洛茨基"。列夫·托洛茨基也就是列夫·达维多维奇·勃隆斯坦，出生在乌克兰的一个犹太富农家庭。俄罗斯革命时期，作为人民军事委员，是率领人民与帝政派战斗的人物。托洛茨基在当时日本的年轻知识分子阶层中，因是个聪慧、豪爽的杰出人物而受欢迎（托洛茨基因在之后的与斯大林的权力争夺中失败，被驱逐出苏联。1940年在流亡地墨西哥被暗杀）。

或者是一直自称是共产主义者的男人，与陆军士官学校的退役军人的同期生心灵互通，即使意识形态不同，也都有对"大陆"的野心吧。

《松花江》是哈尔滨学院的学生传唱的宿舍之歌。由第1期的中岛国雄填词，岸谷作曲。高唱宿舍之歌后来成为哈尔滨学院的惯例，在欢迎新生入学的喧闹（敲响脸盆将新生叫醒，在宿舍外点燃篝火，大家一起把酒言欢）中人们常常唱《松花江》。

试想日本如果有人能发现开拓满蒙的突破口，也有人将投身俄罗斯革命的布尔什维克与明治维新的志士重合，自己也要成为变革者。即使是这样的第 1 期学生，也是怀着疑虑入学的。"在哈尔滨学院学习后，能够从事使用俄语的工作吗？"原本是对手国的俄罗斯正处于内战中，不知道将来会成为什么样的国家。

然而，为未知的未来费神也没有用。在井田校长训话后，日俄协会学校开了伏特加派对。菜肴是叫作"牛排"的猪油腌菜。学生们原以为会在胃中形成一层抵御酒精的保护膜，但出生以来第一次喝这么烈的俄罗斯蒸馏酒的日本学生们还是变得踉踉跄跄了。在日俄协会学校当护士的女性们也都醉倒了。

真是破天荒的开始。从 10 月 11 日开始的授课也打破了常规。

"俄语。"（请用俄语跟我说话）

起初乌利亚尼斯基教授是这样宣布的。40 大多的他仍打扮得花里胡哨，和同学讲话时还带着夸张的手势。

日俄协会学校在俄罗斯教师只用俄语进行的两个小时不间断的艰难授课中拉开了序幕。学校不久就增加了俄语授课的俄罗斯文化、经济课程。除俄语以外，还有伦理学、经济、财政、法律、商业、贸易、簿记、地理、历史、体力比赛、军事训练等必修课，第二外语从英文、法文、中文、蒙古语中选择。

学生们拼命赶上每天的课程，也有不少人因讨厌被俄语教授点名，在上课过程中一直低着头。想要不显眼坐在教室最后一排的人，被开玩笑称为"你是坐在堪察加吧"。堪察加是离首都莫斯科最远的一个城镇。

语言学课毋庸置疑是严格的,但在教授中间也有像乌斯托利亚诺夫那样的教授,将自己参与俄罗斯革命的经历得意扬扬地讲出来。他讲语言学,也讲俄罗斯革命史。教授阵营中不只有从革命中逃出的帝政派。

唯独令在这种难相处的教授们的课上不得不紧张的学生们两眼放光的是一个叫索洛维约娃的二十五六岁的女教师。只有在这个时候座位不是"堪察加",而是从前排开始座无虚席。

一日三餐在宿舍吃。早晨和中午是有酸味的俄罗斯黑面包,晚饭的主食是麦饭。例如一周的菜谱如下:

周一　早　咸鲑鱼子　　中　炒肉末　　晚　萨摩酱汤
周二　早　黄油、柠檬　中　煎蛋卷　　晚　酱汤、芝麻拌凉菜
周三　早　酱汤、鸡蛋　中　烤肉、汤　晚　咖喱饭、醋拌凉菜
周四　早　牛奶　　　　中　猪肉包子　晚　酱汤、煮菜
周五　早　鸡蛋、柠檬　中　肉沙拉　　晚　酱汤、饺子
周六　早　黄油　　　　中　烤里脊　　晚　橙汁、鸡肉饭
周日　早　咸鲑鱼子　　中　卷心菜卷　晚　酱汤、青豆、豆腐

早晨牛奶和茶任意选,中午是中国菜,晚上是日本料理,但不会有俄罗斯教授和中国工作人员受不了的腌菜。

毕业后的职业

日俄协会学校第1期学生毕业是在1923年3月。引头末治就职于日俄协会设立的哈尔滨商品陈列馆内的东京展销同盟会。他

的工作是充当日本商会与哈尔滨商会的中介，安排已经进入哈尔滨的车恩托罗苏尼兹（全苏联合作社贸易公团）、芙那斯特卢克（对外商业公团）等贸易公团与日本企业进行商谈。

引头在1926年7月至9月，和哈尔滨商品陈列馆的森御荫馆长一同访问了苏联。森御荫保管着后藤新平写给中央执行委员会议长加里宁的亲笔书信。在莫斯科将书信转交后，加里宁对森御荫和引头的苏联之旅做了各种各样的特殊安排。托此之福，两人从北边的阿尔汉格尔斯克，一直转到南边的克里米亚半岛，还有高加索地区，还向东访问了西伯利亚各地，经过远东的哈巴罗夫斯克（伯力）、符拉迪沃斯托克（海参崴）返回哈尔滨，完成了一个庞大的行程。这在当时的苏联是无法想象的事情，后藤因此得到了苏联方面的信任。

第二年12月，后藤访问了严寒中的莫斯科，与苏联共产党总书记约瑟夫·斯大林进行了会谈。尽管后藤不是国家元首，但受到了优待。但是，1929年后藤乘坐前往冈山的列车，准备去西部演讲，宣传日俄的紧密性，途中突发脑溢血，在京都的医院去世。

引头与同期的岸谷隆一郎，在毕业后的1923年4月，担任日俄协会学校的副教授。但他们第二年就辞职，暂时回国，在东京和青森生活。

岸谷回到满洲是在1927年，他进入满铁公司，被分到大连总部的调查部俄语组，开始了关于苏联五年计划的调查研究。他在1931年11月7日的《满洲评论》中就五年计划这样写道：

"……既然从农业国转变为工业国，是近代国家生存所必需的历史过程，那么苏维埃联邦也没有例外的理由，庞大的五年计划完全不是布尔什维克的乌托邦。但毋庸置疑的事实是,斯大林政权实行的极其激进猛干的工业化政策如今陷入了僵局。"

在世界各国都在关注苏联社会主义计划经济的大跃进时,他却指出苏联经济维持不下去了。实际上,太急于向农业集体化转变,导致苏联农作物的上市情况恶化,粮食严重短缺。1929年入学的第10期学生加藤幸四郎暑假时去符拉迪沃斯托克(海参崴)旅行,市民们因物资短缺而疲惫,街道上毫无生气,一番萧条景象。

岸谷在满洲的职业以苏联经济专家起步,但是,不久后他的工作就变成了维持满洲的治安。

岸谷进入满铁的第二年,称霸满洲的大军阀张作霖乘坐的列车,在经过京奉与南满铁路的立体交叉处时爆炸。这是与蒋介石率领的北伐军对峙的张作霖被赶出北京、撤回满洲的途中,在奉天近郊发生的事件。

主谋者是关东军的高级参谋河本大作。

关东军是日俄战争后驻扎在南满洲的军队。其名字的由来是,当时那个地区在行政上被称为关东都督府。因为张作霖接受日本援助与中国国民党对峙,却不听日本的话,所以关东军将其视为绊脚石。但关东军的意图被隐藏了,日本政府也没打算说明事件的真相。田中义一首相也因上奏天皇时说话含糊不清、不诚实而惹怒天皇,1929年7月2日被迫辞职。

日俄协会学校与东亚同文书院

日本外交官石射猪太郎认为此事件是不吉利的。1887年出生于福岛的石射,1908年从上海的东亚同文书院毕业后,在满铁工作过,通过了高等文官考试。成为首个出身于东亚同文书院的外交官。他先后在广东、天津、华盛顿、伦敦等地的大使馆、总领事馆工作过,后前往满洲赴任。在他晚年所写的自传《外交官的一生》(中公文库)中,关于谋杀张作霖事件是这样叙述的:

"虽然张作霖晚年越发老奸巨猾,不按日方要求办事,但实际上其生命线握在日本手里。当然,他也知道这一点。他从拥有想要在中原一展宏图的野心,到离开京津、一败涂地。即使如此,他如果回到满洲,即使他不说,日本也会保障他最小限度的不可侵犯的地位。对于日本,也只有他才能维持日本在满洲的特权,强硬手段多少还是管用的。满洲的特殊地域性,要靠日本和他相互协助才能维持。换句话说就是日本的生命线与张作霖的生命线大体上是一致的。用日本军部的手轻率地弄死张作霖,是日本自己摧毁了重要的人物。满洲的灾祸从那时才开始。"

石射就读的东亚同文书院设立于1901年,是为培养中国专家而在上海设立的高等教育机构。东亚同文书院是外务省的指定学校,与日俄协会学校地位相同。之前提到的哈尔滨学院第1期学生引头,就曾为升学方向是选日俄协会学校,还是东亚同文书院而烦恼。

日俄协会学校创立的当时,1920年2月发行的《应试与学生》有下面一段:

"虽然日俄协会本身的历史并不久远,但建设学校的计划是在战乱中成熟的。建立日俄协会学校的目的与建立东亚同文书院的目的相同,都是为了标榜中日亲善,表明在增进日俄间的友谊、共同致力于经济关系的发展方面两国是一致的。"

在甲午战争胜利,日本人对中国人的轻视倾向不断加强的情况下,东亚同文书院想要通过商业和文化的交流,建立日中,进而包括朝鲜半岛在内的东亚的和平。其创办人是在甲午战争中担任陆军少佐的根津一。他说,必须要将中国从欧美的侵略中解救出来,如果不救中国的话,日本也会危险,东亚同文书院要为此培养领导者。以下是东亚同文书院的宿舍之歌《桃李的暴风雪》中的一段:

即使迷失于乌云笼罩的环境中

也无人会有片刻畏惧困难

啊,现在我们为了远东的民族

联合起来

以满腔的热情、雄心

一起奋起吧

《桃李的暴风雪》与哈尔滨学院的宿舍之歌《松花江》的基调很相似,不同的是东亚同文书院位于中国本土,而日俄协会学校并不是设立在革命后的苏联,而是设立在满洲。

虽说哈尔滨学院比起内地的学校,氛围更加自由,但其先驱是东亚同文书院。该校的特征之一是,在最后一个学年的时候会有调查旅行。以中国的农业、海运、流通、文化等为主题,三到六个人一组进行为期三个月至半年的实地研究。毕业生在各地的日本企业、领事馆内有许多前辈,他们利用那些关系网,从上海出发,到青岛、北京、天津,进而到达更远的满洲、西安、兰州。毕业生将成果总结成报告,就变成了毕业论文,这些报告是当时了解中国的重要资料。

张作霖被谋杀后,其儿子张学良与蒋介石的国民党组编,力图统一中国。

俄罗斯革命成功后，中国也想成为一个统一的国家。欧亚大陆将要发生大的变化，为了与此对抗，日本的选择是占领整个满洲。

九一八事变

九一八事变是伴随着20世纪30年代的经济危机开始的。受美国的经济危机影响，日本的生丝、棉线、布的输出量骤减，产业界接连出现赤字破产，随处都是劳资纠纷。这也是后藤新平担心的事情。1924年5月31日，他在早稻田大学进行《关于日俄问题》的演讲时，开玩笑地说："在美国流行这样的说法'想要杀死日本不需要刀，不要他们的丝就可以了。'"然后他从对外贸易过于依赖美国的高风险的观点讲到在日俄间建起壁垒，使隔阂加深，对日本是不利的。

后藤说："不仅如此，如果日俄两国联手，就能够在太平洋拥有巨大潜在势力，以应对美国。"

经济危机后，日本东北地区遭到低温灾害、粮食歉收的袭击，婴幼儿死亡率上升，贫困农村的女性被卖身，城市和农村的差距越来越大。1930年1月，滨口雄幸内阁通过紧缩政策来实施黄金解禁，但由于与世界经济危机撞在一起，结果眼睁睁看着自己国家的黄金流到国外。

日本经济摆脱此种困境的突破口是什么呢？松冈洋右在第二年1月的帝国会议上的演讲给出了答案。

满蒙是日本的生命线。

前满铁副总裁政友会国会议员松冈说："大陆对于日本经济的独立是不可或缺的。"据松冈所说，日本最开始将势力扩张到满蒙，是因为中国和苏联分别威胁朝鲜和日本的独立。满蒙，如今处于国防危机之中，我们必须要给它坚实的经济基础。

为了与此相配合而策划的就是九一八事变。

1931年9月18日，按照关东军高级参谋板垣征四郎、作战主参谋石原莞尔等的计谋，日军炸毁了奉天近郊的柳条湖的南满铁路。

关东军断定此次事件是中国东北的军阀张学良指使的。虽然听闻柳条湖爆炸消息的日本政府在起初采取了不扩大方针，但关东军以中国部分军队破坏南满铁路、攻击我方守备队为由开始了进军。第二天，关东军占领了奉天，向满洲各地进军。

吉林总领事石射猪太郎遵循日本政府的不扩大方针。以下内容引自其自传。

"首先在听到柳条湖事件的消息的瞬间，我就怀疑其真实性。张学良也好，其军队也好，纵使其抗日热情高涨，应该也能充分认识到，如果动满铁线路的话会引火上身……首先出现在我脑海中的是，炸死张作霖的事件证明的是军队的谋略性。'这是关东军做的啊，这是我的直觉。'"

那之后，石射担任外务省的东亚局长，摸索中日两国的和平工作，但迫于军部的压力不得不从局长的位置上退了下来。

关东军到达哈尔滨需要时间。九一八事变爆发后的约两周后的10月上旬，日俄协会学校的学生收到哈尔滨特务机关送来的三八式步枪。特务机关是设置在满洲主要城市的关东军的谍报机构。为保护日本侨民的生命和财产安全，特务机关让学院学生组成警备队。当时哈尔滨的人口约为42万,其中日本人为4000人左右。

然而,哈尔滨并没有发生战斗,日俄协会学校照常上课。

街上是在1932年1月3日紧张起来的。学生们让水流到日俄协会学校的校园里然后让其结冰,在冰面上滑冰时,他们听到了枪声,看到了飞来的流弹。学校暂停上课,教职工、全体学生前往哈尔滨总领事馆,一批学生被编入义勇队,支援日本居民的家和满铁公司宿舍的警备力量。其他学生守在日俄协会学校。

最先来哈尔滨的不是中国军队,而是佐藤四郎。佐藤是哈尔滨学院的第8期学生,毕业后,到会津若松市步兵26连队当兵的他,在仙台第二师团驻扎满洲期间待在奉天。九一八事变爆发后,佐藤所属部队在追击张学良的同时,到达了松花江。佐藤的任务是侦察哈尔滨市内的情况,确认日本人安全与否。他一人骑着挎斗摩托车来到了哈尔滨。

从中央教堂经过哈尔滨站,前往新市街。佐藤发现聚集在同一地区的日本人后,说:

"日军经过几日前的猛烈攻击正在突破敌营阵线,马上就会到达这里,请大家放心。"

关东军2月5日到达,非常容易地就占领了全市。

日本女人准备了饭团和茶,当地的白俄罗斯女人中,对不流血入城的日本士兵,有人拥抱,也有人亲吻脸颊。估计她们是想起了俄罗斯革命时日本出兵西伯利亚了吧。

那之后的约四周后,1932年3月1日,清朝最后的皇帝溥仪作为"执政",以"王道乐土,五族和谐"为理念,在奉天发表了"满洲国"的建"国"宣言。同月9日,溥仪在"满洲国"的新首都、"新京"(长春)开始执政。但其仪式是非公开的,日本顾问谨慎选出不到二百人出席了仪式。"新京"被保持严密戒备状态的日本军的刺刀所包围,这个国家的权力握在谁的手中就不言而喻了吧。

转变的校风

"满洲国"成立后,生活上最大的变化是通货的统一。在当时的满洲,除了奉天、吉林、黑龙江三省有各自的发行银行外,还有奉天票、现大洋票、哈大洋票(哈尔滨元)等20多种纸币在市面上流通,且日本银行的日元、朝鲜银行券等也在流通。1933年的汇率是,1日元兑1.2哈尔滨元。物价方面,比如电影票是35钱,在卡巴莱点一杯酒的话,是1日元。

"满洲国"建立后的6月15日,政府设立中央银行,日本的内阁印刷局印刷了新国纸币,并开始回收泛滥的旧纸币,截止到1935年回收率达到97%。真是极其迅速的工作。

日俄协会学校第1期学生引头末治就职的哈尔滨商品陈列馆的东京展销同盟会,在"满洲国"成立的同时就解散了,因为其结束了日本贸易窗口的职能。后来引头转到满铁,最后担任哈尔滨铁路局的防卫科长。

一方面,在国际社会,对于日本官僚掌握政治实权的"满洲国",以美国为首的欧美各国的谴责声高涨。被派到满洲的国联的李顿调查团,尽管承认日本在满洲的权益,但断定"满洲国"是傀儡国家,国联在总会通过了让日军撤出满洲的撤退劝告。对此表示反对的日本,在"满洲国"成立后的第二年3月27日,退出了国联。

九一八事变以后，一直以来满蒙地区的实质性统治机构满铁，与仅仅是驻军的关东军的地位发生了逆转。曾经关东军军人的社会地位一直比满铁职员低。军队的作战参谋级别的人员，是不允许与满铁董事同席的。但是，在九一八事变获得成功后，军人开始明目张胆地介入政治。与此同时，将日本各地的贫困农民组成"开拓团"，送往中国的国家工程开始了。

最不景气的时候，还是有很多考生参加了日俄协会学校的县公费留学考试，县里每月会拨给每个学生55元。例如，1932年3月在爱知县举行的选拔考试只有三个合格者名额，却有近百人参加了考试。同年日俄协会学校增建了校舍，校内建有网球场、篮球场、射箭场、相扑比赛场，武道场、食堂与主校舍以走廊相连。

1933年4月，日俄协会学校改名为"哈尔滨学院"。学校的目标是培养从事对俄关系的人才。因"满洲国"的建立，学校还将重点放在了培养更多能在满洲行政机关任职的人。因此，日俄协会学校这一名称变得不合适了，哈尔滨学院也面向日本人以外的学生——朝鲜人、中国人、蒙古人等进行招生。这一调整是根据"五族和谐"更改的。他们在入学前一年，必须要在日语预科班进行学习。

尽管名称和制度发生了变化，但不屈从于权威的校风依然存在。

1936年10月，哈尔滨学院发生了由学院学生发起的罢课潮。罢课是为了对抗以学院财政困难为由而解雇玉井茂、清水三三、清水兼次郎三位教授的事件。

"……此三位教授自本校创办那天就在本校任教，贡献着渊博的学识和高尚的品德，直到如今。三位教授在本校的重要性日益增加，三岁小孩儿都能认识到解雇他们对本校是致命的损失。"

这是学院学生写的申请书的一部分。被这三位教授教过俄语的他们待在宿舍里要求撤回解雇的决定。第四代院长三泽纠试图就学院的严格管理、财政状况进行说明,但学生们不接受。之后罢课仍在继续,最后也有这样一幕,一名从关东军分配到学院的叫滨野的将校浑身酒气,配着手枪进入了宿舍。

学院学生对此并不感到害怕。罢课可以说是从日俄协会学校时期就有的传统。对于纪律的整顿,教授对学生的侮辱性言行等,学生可以清楚地表明自己的想法。而且,大部分的罢课都可以在校方和学生间的谈判中找到折中点。

但是,这次解雇三位教授的决定并没有被推翻,罢课在两天后结束。三泽担起了此次骚乱的责任,辞去校长一职。

第五任校长是退役的陆军中将三毛一夫,于1938年3月任职。

他是哈尔滨学院自创办以来,首位军人出身的校长。第二任片山秀太郎、第三任高田富藏在分别担任内务官僚、司法省检察官等职务后,作为台湾总督府法院法官,在当时的台湾总督府民政长官后藤新平的手下工作。三泽也是官僚出身。而三毛的经历是,在第一次世界大战期间作为观战武官,随行俄罗斯军队。出兵西伯利亚时,在鄂木斯克的特务机关担任少佐,之后担任驻苏武官。顺便说一下,在三毛就任院长以后,哈尔滨学院校长好像变成了强制要求军人出身的人担任的职位,学生的罢课也没有了。于是,一直以来的校风发生了变化。

实质上统治"满洲国"的关东军,需要从哈尔滨学院中寻找对该国、对苏政策忠诚的人才,进一步说的话就是寻找有利于为军部提供消息的人才。其后学校将关东军的军事训练编入必修课程，对学生颁布《剪发髻令》。

首任校长井田孝平于1936年12月在奈良县去世，享年57岁。如果学生脱口而出"russkii"，井田会严厉斥责说："要叫露西亚人！"他养成的日俄协会学校自由的校风，无偏见的研究氛围正在消失。为了更好地统治当地居民，熟知他们的文化生活习惯的"文装武备论"被认为是不必要的。

再把视线投向哈尔滨市内，在松花江的码头、地段街等地区，满眼都是日本人经营的商店的花里胡哨的招牌和日本士兵土黄色的军服。俄罗斯女性所穿连衣裙的淡橘色、青色或是亮红色、黄色都被挤散了。

抹掉过往的地方

在日本国内，军人的声音也越来越大。

1936年2月26日，叫嚣着要改造国家的陆军皇道派的青年将校们在东京率领1400多人袭击了首相官邸。他们杀害了斋藤实内务相、高桥是清藏相、渡边锭太郎教育总监等人，随后占领了永田町一带。第二天，在东京全市实施戒严令。

引发叛乱的是第一师团所属的步兵第一连队、第三连队，近卫步兵第三连队等的青年将校共20余人，率领了1445名下士官、士兵。

第三连队队长涩谷三郎，在事发当日，涩谷因公务出差离开了部队。三天后，涩谷因听说陆军用武力压制士兵，去陆军司令部强烈抗议。

"你们这些幕僚是打算杀了我无罪的部下吗？如果把他们杀

了,地方的父兄是不会坐视不管的,一定会发生暴动。等我劝劝他们再说。"

涩谷说会发生暴动一点也不夸张。

二·二六叛乱的士兵大多来自贫困的农村。东北等地的村子的现状是,不卖女儿就活不下去。而另一方面,东京是腐败的政治家们的所在地,青年将校们对此颇为反感。

时代变化也在产生影响。在甲午战争、日俄战争时,在战争中获得战功是年轻人成功的最佳机会。但是,随着资本主义社会的发展,对于居住在城市的年轻人来说,在商业中发挥自己才能和野心的机会增加了。而来自农村的年轻人得不到发挥,国内的差距就扩大了。

理解士兵们心情的涩谷三郎,通过广播进行了称为"向下士官兵宣告"的归顺劝告。从空中的飞机上散落下来的传单上写着:"一、现在归队也不迟。二、抵抗者全部归为逆贼击毙。三、你们的父母兄弟正为将会成为卖国贼的你们哭泣。"升起的气球上写着:"诏书下达,不得反抗。"

士兵在收到传单当天就投降了。之后,17名主谋在陆军军阀会议上被判处死刑。承担责任的连队长涩谷辞职,被劝说跟随军队前往满洲。

这与关东大地震时,东京宪兵队麴町分队长甘粕正彦的案件相同。甘粕因拘留、杀害无政府主义者大杉荣、伊藤野枝以及大杉荣的外甥橘宗一而被问罪。甘粕在服完三年刑后,去巴黎留学,1930年前往满洲。那里对于甘粕来说是可以抹掉过去的地方。

甘粕之后与大陆浪人川岛浪速的养女川岛芳子合伙将溥仪转

移到满洲,并在暗地里活动。在"满洲国"建国后,甘粕担任了"满洲国协和会"的总务部长和满洲电影协会的理事长。另外,涩谷三郎后来担任了最后一任的哈尔滨学院院长。

满洲是在日本做过亏心事的军人和宪兵的临时避难所,同时对于对与城市的差距感到不满的农村人,或是小企业的经营者来说,满洲是个有无限可能的地方。佃农能成为地主,小工厂主和商店主能成为实业家。如果你在政府机关、满铁、横滨正金银行等日本驻满机构工作,因有在外津贴,所以收入是日本国内的两倍。家里可以过上雇用当地的中国女仆,妻子被称为"夫人"的生活。满洲被认为是潜藏着升职可能性的地方。

日俄协会学校的第1期学生岸谷隆一郎,在九一八事变的第二年成为"满洲国"官员,前往齐齐哈尔赴任。之后,在黑河省、"新京"、通化省、"满洲国务院"担任过重要职位,负责追讨被称为土匪的中国共产党游击队,也就是负责治安工作。但岸谷废除了原来只要有村落不安稳,就全部烧光,没收居民所有武器的做法。他亲自访问村落,与那里的代表见面,采取折中、联络、时而拉拢的方法。如果最后判断该村落值得信赖的话,就发给他们弹药和武器,建议他们自己抵御土匪、保护自己。岸谷认为,国与国之间的战争或许可以靠武力解决,但要想搞好国内的治安工作,武力是次要的,重要的是采取恰当的政治手段。他的做法可以说是实践了后藤新平的文装武备论。

但是,他在家乡津轻,对同事小声说:

"你也好,我也好,日本人要是如满洲人这样被耍的话,如今不就变成了我正追来追去的土匪了吗?"

第三章
想象中的俄罗斯,现实中的苏联

在结冰的松花江上进行的洗礼仪式

走在中国马路上的日本和俄罗斯女性

北上大陆

距第 1 期学生入学已经过去了 25 年。

作为哈尔滨学院第 26 期学生,岛津朝美从新桥站出发前往博多。这是 1945 年 4 月上旬的事情。岛津从东京用了两天两夜才到达博多,但渡轮"天山"号一直停泊在港口的海面上。美军已经在冲绳登陆,正在展开地面战。在日本本土,甚至出现了超过 B29 飞行高度的舰载机 P51,舰载机在低空飞行中开始了机枪扫射。日本却连防空炮都没有。

"天山"号是为数不多出航的船只。

岛津等了一天后乘船。乘客们穿上救生衣后,终于出航了。船出了港口后不久,就开始了持续的不寻常的晃动。登上甲板,人们发现"天山"号在急剧地蜿蜒前行,这是为了避开美军潜水艇鱼雷的攻击。日本在空中、海上都受到了美军的压制。

从博多到釜山花了八个小时。"天山"号一到达栈桥,岛津就被争先恐后下船的大量乘客挤得一塌糊涂。岛津从船的舷梯俯视码头,在晨雾中,无数的人头在攒动。

让人真正感受到离开日本列岛的是气味,大蒜和辣椒的味道。一踏上大陆的土地,和当时日本餐桌无关的食材的味道就刺激着人们的鼻腔。

然后就是风景。从釜山港向街上看的话,那里尘土飞扬,在尽头能看到光秃秃的红土群山。岛津时不时被周围匆匆忙忙走来走去的人推搡一下。差点摔倒的岛津,全身高度紧张,寻找着前往满洲的列车。列车在釜山港码头附近的货物专用铁路线等候。大陆的列车之所以比日本的列车宽,是因为大陆的铁轨是宽轨。

是要乘着它去满洲了吗?岛津的身体因激动而抖动。

满铁研制出倾尽技术之精髓的"特快亚细亚"号列车,是流线型设计的蒸汽机车,客车内安装有空调设备,也有设有桌子和沙发的豪华观光车。1934年11月首次通车的"特快亚细亚"号以85千米的时速在大连和"新京"之间行使,用时八小时。但是,因1941年7月发动的关东军特种演习和日本在太平洋战争中战况的恶化,从1943年2月底开始,"特快亚细亚"号就停止运行了。

岛津所乘列车"光"到达"新京"要花整整两天时间。但因为宽轨的缘故,列车比国内的列车宽敞,即使坐在三人座的二等座也很舒服。

"光"用一天的时间跑完了朝鲜半岛的西侧。岛津右手边是裸露着红褐色岩石的山,左手边偶尔能看到海。岛津在中途站还听到了欢送出征士兵的日语歌曲。岛津从车窗伸出头,看到月台上挥舞着的太阳旗,是朝鲜青年作为"日本兵"正要前往前线。

日本和朝鲜是在1910年合并的。因此1000多万的朝鲜人成为了"日本国民"。但是,即使拥有相同的国籍,朝鲜人在日本国内是不可能被当作"同胞"对待的。日本将朝鲜视作对中、对俄的据点,"朝鲜人也是日本国民",不过是对外的姿态罢了。要送儿子出征的母亲,死也要用朝鲜语对儿子说些什么。

岛津乘坐的列车在夜间到达京城（现在的首尔），从这里继续北上，渡过鸭绿江的话就是"满洲国"了。第二天清晨，岛津看到鸭绿江，鸭绿江的江面无比宽大，流动着褐色的水。据说朝鲜那边的城镇是新义州，满洲这边的城镇是安东（丹麦）。

出了新义州穿过铁路桥，在车内就会出现穿着便服的海关官员。不穿制服是为了隐藏自己的身份，揭露非法入境者。一个眼神凌厉得像要将人射穿的男人，当岛津将哈尔滨学院的入学证拿给他看时，立马露出笑容说："辛苦了，请走好。"哈尔滨学院的学生中，有学生被从包中翻出《岩波俄语词典》，并被严格盘问"这是用来做什么的"，所以岛津算是运气好的了吧。海关官员对坐在岛津后面的朝鲜人态度一转，用呵斥的口气说："你们是干什么的？把这个打开。"并开始搜查提包，乘客只能沉默着照做。

比岛津晚一个月，同样是第26期学生，鹿儿岛出身的木村正美5月上旬从博多港出发。但是，木村本应是从下关前往釜山的，突然就改到了从博多出发，并在那儿等了三天。这也是战况进一步恶化的证据。

对于木村来说，博多的码头已经是异国了。码头聚集的大量乘客几乎都是朝鲜工人和他们的家人，因此耳边充斥着朝鲜语。朝鲜半岛征用的期限终于过了吧。每张脸都不知怎么的，带着解放了的感觉，一副朝气蓬勃的样子。日本人差不多占总体的一成。也有人和木村用朝鲜语讲话，但一知道木村不是同胞，他们平和的表情就消失了，眼神立马变得冰冷。至于孩子们，会明显地表现出敌意。

到达博多后的第二天早晨，木村坐上了停在海湾的渡船。虽然空间很大,但是是天花板很低的三等舱,人多闷热。从玄界滩出发的"天山"号以"Z"字形航行。照例是为了躲避美军潜水艇的鱼雷攻击,船里的朝鲜人心情舒畅。他们喝起了偷偷带来的浊酒,气氛高涨。

木村虽然没有晕船,但无法睡觉,所以想找个能成为聊天对象的日本人。于是发现了角落里的中年男人,和他女学生样子的女儿,以及两个幼儿。木村走近和那个男人搭话,听说他是因东京大空袭而无家可归。之后,妻子病死,家也没了,工作也丢了,所以要带着孩子们参加在北安的满蒙"开拓团"。北安是比哈尔滨更北的地方。

"因为有亲戚移民到了那里。"

说话的父亲面如土色,眼窝深陷。相比而言,女儿皮肤白皙,眼珠又黑又亮,坚强地照顾着幼小的弟弟妹妹。

无樱花之春

大约十年前,有这种惯例,新生如果在4月5日至4月7日间到达哈尔滨站的话,高年级的学生会在车站迎接,哈尔滨学院最后的一批学生就三三两两地前往北满的城市。

进入"满洲国"的岛津凝视着从地平线升起的红日。从车窗看到的风景,与朝鲜半岛接连的小山和起伏不平的土地不同,是一望无际的广阔平原。岛津注视着无论过去多久也不会发生变化的风景。

从釜山乘坐列车开始北上的三天后,载着岛津的长途特快列车到达了"新京"。曾经叫"长春"的这个城市,在成为"满洲国"首都的同时也改了名字。岛津在"新京"换乘开往哈尔滨的中东铁路。在列车内,岛津与前往哈尔滨学院入学的青年同座。出生于满洲的青年分给岛津几个在中国人街上买的糖球。那是在日本无法尝到的,岛津久久不会忘记的味道。

满洲有这么好吃的东西吗?岛津很高兴。

从"新京"到哈尔滨大约240千米。此时在日本本土是樱花开放的季节,许多树木都换上了绿色的衣服,而岛津所看到的景色是延伸到地平线的干枯的大地。

从釜山出发五天后,终于到达了哈尔滨。车站的月台回响着通过话筒发出的低低的声音"哈尔滨,哈尔滨"。

岛津站在车站,跃入他眼帘的是,以马车拉客的中国人,以及金发碧眼的俄罗斯人的身影。北满的四月,春天的到来还为时尚早。俄罗斯人中,也有人戴着毛皮帽子,穿着皮长靴。中国人用像是塞满棉花的棉座垫一样的衣服将自己裹了起来,脚上穿着陈旧的布鞋。岛津仿佛托尔斯泰小说中的出场人物般穿梭在充斥着汉语的喧嚣之中。

这里究竟是哪儿?岛津在站前伫立了好久。

在满洲的俄罗斯人中,除了逃离俄罗斯革命的贵族和商人,还有建立外贝加尔军政府的谢苗诺夫将军的部下等反共军的将校,以及在"满洲国"接收中东铁路时,拒绝回国而留下的人,约六万人。除俄罗斯人以外还有2000名乌克兰人、1500名犹太人,鞑靼人、亚美尼亚人、格鲁吉亚人各1000到1500名不等。他们是不愿待在苏联而迁居到这里的。其中有很多人在哈尔滨建了房子。

除哈尔滨之外，他们集中在海拉尔（约两万人）和牡丹江（约一万人）。

据1942年2月20日的统计，在哈尔滨市731028人的人口中，俄罗斯人是43381人，约为6%。在哈尔滨的俄罗斯人从事农业的最多，占60%，接下来依次是从事商业和从事工业的，分别占20%和15%。在哈尔滨市内从事商业的人中，犹太血统的俄罗斯人较多。顺便说一下，在哈尔滨的居民中，人口比重最大的中国人占85%，日本人和朝鲜人不到10%。

一回过神来，岛津发现自己的衣袖被一个中国车夫拽住。车夫像是在说"坐马车吧"。岛津将写有哈尔滨学院学生宿舍所在地区"马家沟"和"哈尔滨学院"，以及"南宿舍"字样的纸条给车夫看，他点了几次头，就让岛津坐在了无盖马车的座位上。接着，吼了一声"驾"，向马挥鞭，飞驰而去。

岛津乘坐的马车开始慢慢地在主干道的大街上行驶，在宽大石板铺成的大街两侧，砖砌的房屋鳞次栉比。

过了不久马车就到了十字路口，在那中央矗立着中央教堂。三角形的屋顶上承载着洋葱型的塔，这里是住在哈尔滨的虔诚的东正教徒祷告的地方。马车通过中央教堂的侧面后，榆树出现在道路两旁，迄今为止的喧嚣成为了过眼云烟。岛津难以相信，约一个月前，因轰炸而被夷为平地的东京，和从此将要开始生活的哈尔滨处在同一个世界。

四周更加安静，人行道上有长椅，两旁是色调协调的家家户户的房屋，这里是有6000多平方米的带花园的豪宅区。

马家沟位于哈尔滨站的西南方，是个幽静的住宅区，是哈尔滨最后被开发的郊区。经过挂有哈尔滨中学牌子的门,再往住宅区里走一段,然后就能看到将要入住的哈尔滨学院的学生宿舍了。学生宿舍是砖砌的建筑物,分为南北两栋,新生住在南宿舍。

马车在南宿舍前停下,岛津正要给车夫车钱,从宿舍楼里出来两个哈尔滨学院学长样子的青年,慢慢向这边靠近,一个人和车夫用中文讲了几句,车费就降了一半,随后马车就离开了。

岛津呆呆地听着两人的对话,说中文的学长对他说:

"不要他要多少就给多少。"

第一次来这里的日本人会被宰正常费用的两倍,所以他们给了车夫正常的车费让他回去了。岛津明白后鞠躬说"谢谢",另一个前辈说:

"因为(如果高费用成了行情)我们用(马车)的时候就麻烦了。"

这是岛津与学长的第一次对话。

日式的殖民管理

新生入住的哈尔滨学院南宿舍的一部分正在建设成为三层建筑,岛津的房间在二层中间。没多久,岛津就和石井利雄、岩井敬介互相认识了。

三月入住南宿舍的石井和岛津一样是东京人,但已在满洲住了五年。父亲是"新京"的《满洲日报》的记者,母亲在一个叫五马路的地方经营着一家艺伎坊。

"不只是艺伎坊,也经营妓院。"

石井这样说。父母亲来到满洲后,石井就暂住在四谷的祖母家,从那上下学。但由于祖母去世,1940年5月石井来到了父母所在的"新京",那时他13岁。

"在"新京"站前,我有生以来头一次看到双驾马车,感到很惊讶。"新京"与东京是不一样的世界,所以刚来的时候兴奋得到处逛。"

石井一副怀念的样子回忆着当时的情景。

"新京"的站前广场变成了一个大型环岛。柳树飘下的柳絮在风中飞舞,载着少年石井的马车在绕完环岛后,行驶在规划得如同棋盘网格一样的中心街大道、城市大道上。在两旁栽种着一棵棵悬铃木的道路上走了约500米,在右侧就能看到公园——儿玉公园,其取名自日俄战争时期的将军儿玉源太郎的名字。公园前方是能让人想起日本城市建筑的有着大型瓦顶的关东军司令部。

"新京"的建造不逊色于欧洲的城市——这是后藤新平作为满铁总裁的想法。仅靠日本文化吸引当地人是不行的,如果硬要他们接受日本文化,会遭到反感和厌恶。如果要多民族共存,就要尽量脱离传统和本土的东西,形成近代城市房屋的排列布局。后藤禁止用日本风格的罗马字标注满铁沿线的各站,车站广播也让用中文。但是,后藤的眼睛真正盯上的是欧美列强。

我们(日本)也能很好地管理满洲。

后藤致力于医院、大学等卫生教育设施的建设,也是想向欧美展示日本建设社会基础设施的高水平。表示日本也有充分资格成为列强的一员。

在满洲各地建的满铁直营的大和宾馆也是西式的。1923年,大和宾馆的总经理横山正男,为了让来满洲的外国人住得舒适,对手下的各宾馆的经理说:"你们要铭记自己是私人外交官。"

来到满洲的石井利雄研究了"新京"商业方向。"新京"商业专业中有俄语课,石井因为好奇心去听了课,这成了他后来选择去哈尔滨学院的机缘。

石井也学习了汉语,因为满铁的教育方针规定,汉语在当地的中学是必修课。见到有汉语和俄语基础的17岁的石井,岛津想起了在到达南宿舍的那天用汉语为他交涉车费的学长了。现在,在哈尔滨学院的高年级学生,大多是因为生病等原因而没去军队的。这些人中温厚老实的人居多,他们正直、困惑。新来的人已经做好心理准备接受锻炼了。

在这一点上,从当地中学升学进来的岩井敬介也是一样。

就因为他无论被吩咐做什么事,都必须问出理由的性格,他原来常常被中学的老师和高年级的学生殴打。所以,当岩井在哈尔滨学院南宿舍的接待处报出姓名,学长们说"来得好",正好可以帮他把大的被褥搬到三层的房间时,他甚至怀疑"这么好,不会在计划什么吧?"

虽说军事色彩浓厚,但哈尔滨学院的教授或是高年级学生从来没有不管三七二十一指使下面人的。在1925年4月举行的第3期学生毕业典礼上演讲的后藤新平,对坐着的教授们,站着的学生们,大声呵斥:"老师们坐在椅子上,让学生站着。学校是谁的?"然后他让学生们坐到了演讲台的周围。

都在哈尔滨,中学和哈尔滨学院差别这么大吗?岩井感到很惊讶。宿舍广播有时会放门德尔松的《春》来代替闹铃,对此他也感到吃惊。门德尔松是出生于德国的犹太作曲家，是让纳粹党贴上"颓废艺术家"标签的艺术家。

来自满洲中学的人几乎都擅长滑冰，这件事对从东京来的岛津来说是个新鲜事儿。

日本人做户外运动有奖励是满铁的政策之一。尤其在严寒的满洲，一到冬天日本人就容易蜷缩在屋子里，要尽可能让还没脱离日本本土习惯的日本人走出来，给他们接触新世界的机会。满铁给孩子们分发滑冰鞋，给大人们发用于买外套的补助。石井和岩井都说，小时候一到冬天，就把滑冰鞋左右脚的鞋带一系，挂在脖子上就上学去了。

真是时髦啊。想起自己在东京的孩童时代，岛津真想长叹一声。还有，哈尔滨的花园小学附近，有座哈尔滨大楼，是一家公司的住宅楼，因为与学校是分开的，所以该公司就买了双驾马车，用于接送工作人员的孩子上下学。

虽然岛津为满洲与国内极大的差异而惊讶，但石井这样说：

"真想在国内上学。"

石井从"新京"商业专业毕业后，想去日本的大学，但由于战况越来越不好就放弃了。已经在满洲度过漫长岁月的石井，将来想在日本出人头地的想法很强烈。

虽然岛津津津有味地听了长时间在满洲生活的石井和岩井的话，但觉得他们多少有点不对路，估计是目睹了东京大空袭的人和没见过的人的不同吧。因为在满洲的他们，完全不会怀疑日本的优势。

比岛津高一年级的第25期学生小川之夫相信哈尔滨学院的

使命是"培养投身于北方的栋梁",每天专心学习俄语。出生于岐阜,在横滨长大的小川于1944年11月24日,在哈尔滨得知,美国军机B29编队首次飞到东京上空进行了轰炸,第二天,他在给父母的信中这样写道:

"……我认为,这很明显是美国想要掩盖其在菲律宾作战失败的手段。越是对本土空袭,越能证明我军战果丰硕,如果这么想的话……反而是不错的锻炼呢。"

小川继续对父母写道:"我将来要受到比本土日本人更多的锻炼,为国效力。"敌机没有飞到哈尔滨。玄界滩和朝鲜半岛的朝鲜人充满敌意的眼神也没到达这里。与物资短缺的日本国内不同,在哈尔滨学院的学生食堂,黑面包可以随便吃。将土豆切丝用油炒出的料理简直是绝品,有时还有小豆粥等甜品。也有学生在市里买甜点,寄给日本父母的。在哈尔滨,战争是很遥远的事情。

满洲的日本人和本土日本人间的差距非常大。

俄语斯巴达教育

1945年4月入学的哈尔滨学院第26期学生约有一百名。学生中,日本国内中学毕业的44名,满洲、关东州中学毕业的32名,朝鲜公立中学毕业的3名,中国大陆中学毕业的2名,中国人7—8名,朝鲜人5—6名,蒙古人1—2名。他们被分为四个班。

旺文社的《全国上级学校总览》中写道,"也可以在俄罗斯家庭中寄宿",但那是过去的事情,当时哈尔滨学院的学生已全部住学生宿舍。第20期学生在三年级的时候允许去俄罗斯家庭寄宿,那年是最后一年。之后建了南北宿舍,变成全宿制。制服是战斗帽配土黄色军服,腿上缠上绑腿,穿上猪皮制作的鞋子。勉勉强强能看出与士兵不同的是学院的胸章。

新生的课程如下:六点起床,到宿舍院子里点名。六点十分开始做体操,面向皇宫方向叩拜。结束后,回房间用干布擦身、洗脸,之后朗读俄语课文。

从六点四十开始,用十分钟吃完黑面包配红茶的早餐,七点二十前必须到达距离宿舍三千米的学院。

八点开始上课。上午都是俄语课程。俄语教师是博达晓夫先生、帕诺娃女士、波多斯塔维娜女士等。波多斯塔维娜是符拉迪沃斯托克(海参崴)远东大学校长波多斯塔维恩的女儿。家人随同身为优秀的朝鲜学者的父亲一同移居朝鲜,但在俄罗斯革命后,由于祖国俄罗斯崩溃,就搬到了哈尔滨。波多斯塔维娜以第一名的成绩毕业于哈尔滨商业学校,从1930年开始担任哈尔滨学院的俄语讲师。

波多斯塔维娜在上课的时候,会坐在讲桌上交叉着两条长长的腿,学生们的心都怦怦直跳。但那心跳也仅限于最初,新生要接受这些本地教授的俄语课的强烈洗礼。

毕业于山形中学的第25期学生嘉规敏男在刚进入哈尔滨学院时,对俄语西里尔字母的书写方式还有发音,都一无所知。担任嘉规他们班主任老师的是帕诺娃女士。她体态丰满,连在桌子与桌子间走动都费劲,但讲课的时候说俄语就像开机关枪似的。同年级的学生实在看不下去,就对不知所措的嘉规说:"被点名的话,就先说'ya,nie,zunaayu'。"

然后，嘉规就连续说了"ya，nie，zunaayu"。某天，在休息时间他被帕诺娃女士叫了出去，接受了一对一的特殊训练。原来，"ya，nie，zunaayu"是"不知道"的意思。

有着休息时间进行个别指导教育热情的帕诺娃女士，如果有学生不复习，就会说"某某某是懒汉"，平时温和的脸瞬间乌云密布。"懒汉"是俄语老师们知道的为数不多的日语词汇之一。

在结束了俄罗斯老师以口语为主的两个小时课程后，紧接着是日本老师的俄语语法课。中午前一直都是俄语课。

进入哈尔滨学院两三周后，街上吹起了大陆独有的黄尘，飞絮满天，迟来的春天到来了。此时，俄语初学者也会感到多少掌握点外语了吧。新生们为了试试自己的俄语水平，去了哈尔滨学院附近的植物园。即便如此，会话对象也大都是俄罗斯的少男少女，新生们还没胆量和成年的俄罗斯人搭话。

但被搭话的一方感到很困惑。对于日本青年所说的奇怪的俄语，孩子们有时不知所措，有时很恐慌，就逃走了。此时，被留在那儿的学院学生，就往植物园的草地上那么一躺，仰望着天空。

岛津朝美也是其中一员。岛津眯眼看着晴朗无云的耀眼夺目的天空，心中默默自语。如果在东京仰望天空的话，一定是听到空袭警报的时候吧。

脱离现实

哈尔滨的冬天来得早。松花江是连接哈尔滨东北方向300千米的佳木斯、西北往西300百千米的齐齐哈尔等城市的满洲水运

077

中心,在这儿,虽然配有水轮机的明轮船等来往频繁,但一进入11月江面就会结冰。冰的厚度会达到1米以上,因此,在冬季装载着货物的卡车和马车可以在冰面上行驶。

一年之中最寒冷的是一月中旬。特别是早晨,气温会下降到-30℃—-35℃。到了冬天,建筑物的门把手会用布缠绕起来。要是徒手握金属配件的话,会粘住皮肤,分也分不开。

虽然严冬仍在继续,但在雪少的哈尔滨,静静地下着小雪,落在石板路上又飞舞到天空中,即便如此一年中也会有几次大雪。这时,俄罗斯孩子们就会非常兴奋,他们将雪橇绑到马车后面欢呼着去滑雪。他们穿上毛毡做的长靴,在毛线手套外套上皮手套,头上戴上帽子,再用围巾裹几圈。唯一露在外面的眼睛,其睫毛上落着雪。

一月,虔诚的东正教徒们要举行洗礼祭。许多的男女信徒聚集在结冰很厚的松花江上,竖上用冰做的十字架,教会的各色各样的旗子排列在其周围,信徒们凿开下面的松花江冰面,穿着泳衣入水,安静地画十字。

三月快要结束的时候,结冰的松花江冰面在中午的时候会融化,到了晚上就又会结冰。如此反复,在某时就会发出像是大地震动的声音,冰河开始移动了。厚厚的冰山上下移动互相碰撞,流向了远方。

松花江的冰融化后,就迎来了东正教的复活祭。对俄罗斯人来说,春天可以说是伴随着复活祭到来的。

四月下旬,岛津被高年级学生约去萨波。

萨波位于从哈尔滨学院所在的马家沟通往市中心的坡道上,

内部装饰着随处可见的圣像,无数蜡烛发出的光芒照射得他们如梦如幻。在香气笼罩的氛围内,聚集着用头巾包裹着头的女性、高挑的绅士、弯腰的老婆婆等虔诚的信徒们。堂内无立锥之地。

不久,下巴留着黑色胡子的大主教出现了,声音清晰地祈祷着。堂内产生出严肃的空气。大主教在进行完抑扬顿挫的祈祷后,将香炉前后左右晃了晃,用手里的三根蜡烛画了十字,向信徒们送去祝福。

一到夜里十二点,哈尔滨的东正教教堂会一起鸣钟。在萨波,几个年轻的司铎并列站在台上,在大主教说完祷告词后重复祷告词。

教堂内仿佛被信徒高涨的精神震动一样。他们的祖国改名为"苏联",按照卡尔·马克思"宗教就是鸦片"的纲领,成为了没有宗教信仰的国家。

在哈尔滨有人珍惜地维护着他们的祖国失去的宗教和文化。

在这个城市,有个叫哈尔滨交响乐团的管弦乐队在活跃着。其前身是由俄罗斯在1908年组织的中东铁路交响乐团,指挥者施魏因可夫斯基率领着约20名乐团成员。满铁给哈尔滨交响乐团提供资金,乐团每月在哈尔滨满洲会馆的礼堂里举办一次演奏会。

哈尔滨交响乐团的保留曲目中,最打动听众的是柴可夫斯基的《一八一二年序曲》。

这首曲子是为了颂扬击退即将攻入莫斯科的拿破仑军队的俄军所创作的作品。在融入国歌的高潮部分,舞台后面的帷幕会从下面被红光渐渐照亮。此时,听众一定会有感而发,站起来跟着节奏唱起如今已经不存在的国歌。

该协会是由在关东大地震中杀害大杉荣而服过刑,又去法国留学后来到满洲的甘粕正彦创办的电影制作组织。《我的莺》由在满洲很有人气的女演员李香兰和山口淑子出演,李香兰扮演俄罗斯的歌剧歌手季米特里的养女。季米特里对女儿说:

"哈尔滨的俄罗斯人最懂我的音乐,我不会离开哈尔滨。"

听了父亲的话,扮成俄罗斯女儿的李香兰温柔地微笑着,观众们都深信李香兰是中国女演员。

我们能真实感受到寄宿在俄罗斯流亡贵族后裔家中的学院学生们的气质。

午后,暖黄色的阳光从两层窗户透过白色的蕾丝倾泻下来。俄罗斯人的住所,即使是门口的窗户也是两三层。还有叫作 pechka 的俄罗斯壁炉。打开放置在房间角落或走廊的壁炉的炉口,放入捆好的柴火,再在上面放上炭点着火的话,即使在隆冬季节屋里也暖洋洋的。起居室摆放着赏叶植物和家人的照片,床上铺满了各种各样的绒毯。

俄罗斯贵族喜欢干净。家中的女佣用洗衣板将西服洗干净后投入锅中,添柴煮沸,然后一直浸泡到水变凉,再用洗衣板水洗一次。是需要花费一天的时间。

起居室里有种叫 samovar 的茶壶,中间有个圆柱形的柱子,在里面加入煤炭燃烧,在其周围注入水,然后就能把水烧开了。在红茶中基本都会加入自制的果酱,将保留果核进行煮制的果酱盛在小碟中,用刻有自家家徽的调羹舀取食用,也可放入红茶中饮用。

开始,寄宿在那种家庭中的学院学生有时会被主人叫去喝茶,他们穿着毛衣就去了,就会被主人责备:

"这种时候要穿西服打领带再来。"

喝茶的时间,大家都是着装整齐地聚在一起。学院的学生没有西服,所以在午后的喝茶时间,一定会穿着学生制服来到起居室。

虽说如此,哈尔滨流亡贵族并不像外表看起来那么富裕。失去所谓的贵族身份后,他们只能靠一点点变卖从俄罗斯带出来的财产来维持生活。接受哈尔滨学院的学生也是因为学生会交寄宿费。顺便说一下,1928年4月,二年级学生(第八届31名)、三年级学生(第七届38名)全体寄宿在马家沟附近的俄罗斯人家中。房钱加上茶钱每月7—15银元。日俄协会学校每月支付约10元的寄宿费、伙食费。

在哈尔滨市内偶尔会举行俄罗斯老人们的集会。他们穿着胸前挂满帝国时代勋章的褪色的军服,会场正面设置的讲台侧面飘扬着帝政俄罗斯的旗帜。白俄罗斯人从革命中逃出来,来到满洲后,没有国籍,但在1936年年末,在哈尔滨特务机关指挥下组成的白俄罗斯人部队,首次被正式认可为"满洲国"所属部队。

支持老兵集会的是关东军。

"勇敢的军人们,不久你们就能回到故国了。如今,赤鬼在你们的故国为所欲为、飞扬跋扈,你们要用勇敢的行动,将他们早日赶出去。奋起吧!关东军也希望你们振奋起来,我们会不惜一切支持你们。"

参加集会的关东军将校这么一说,老兵们就高呼"万岁",讲台侧面的乐队开始演奏进行曲《在双头鹫的旗帜下》。

俄罗斯正教的复活节、柴可夫斯基的序曲、下午茶时间,还有帝国俄罗斯军人的呐喊——从他们坚守着自己的宗教、音乐、生活习惯,以及军队的样子中,我也感受到了一丝寂寞。

杉原"救命签证"的起源

最接近流亡俄罗斯人生活的人可能是哈尔滨学院学生杉原千亩。

杉原是哈尔滨学院的前身,日俄协会学校的第一届学生,但他并不是像岸谷隆一郎那样在各县参加考试后入学的学生。该学校除以中等学校毕业生为对象的本科体制外,还接受了来自军队、特务机关、满铁等组织的俄语研究者。已经是外务官员的杉原的学籍就在那个特殊体制内。他与一般学生分开,另外上俄语课以及与苏联相关的课程。

拥有语言学习才能的杉原的俄语很快就熟练了,为了在日本接受军事训练,杉原在入学的1920年年末暂时回国。任期一结束,他就又回到了日俄协会学校。1923年毕业后,杉原先后在满洲领事馆、哈尔滨总领事馆任职。自1929年开始的三年时间里,杉原作为日俄协会学校的俄语兼职讲师进行授课。

杉原在哈尔滨与一个犹太裔的俄罗斯女人相恋,她的名字是克劳蒂·谢苗诺芙娜·阿波罗诺娃。克劳蒂虽出生于俄罗斯中部的贵族家庭,但在俄罗斯革命后,她与家人一起逃到了哈尔滨。

据大庭柯公的《俄国及俄国人研究》称,当时世界上1 100万的犹太人中,600万人拥有苏联国籍。克劳蒂家,财产被苏联政府没收,15岁的她靠在哈尔滨的酒吧当服务员支撑家里的生计。在那样的她面前杉原，出现了。

杉原的后辈，二年级学生胡麻本笃一、生驹盛芳、高桥铁雄曾去过犹太教徒的集会。集合不是在犹太教堂，而是某个建筑物阴暗的半地下室。犹太老师（拉比）在那儿用俄语讲课，而在这期间，胡麻本和生驹被坐在旁边的少女迷住了，高桥在中间打盹儿。课结束后，拉比问："怎么样？听懂了吗？"三人都摇了摇头。

杉原初次见到的克劳蒂虽说是犹太裔，但是杉原也是俄罗斯东正教的信徒。他在1924年与克劳蒂结婚的时候，被神父授予了俄罗斯名字"谢尔盖·巴甫洛维奇"。杉原可能是从内心爱着俄罗斯吧。对于克劳蒂来说他是非常优秀的丈夫，杉原和流亡到哈尔滨后在中东铁路当警卫员的父亲，也能像朋友般相处。

结婚后，杉原一边在哈尔滨总领事馆工作，一边在日俄协会学校教俄语。之后，杉原到哈尔滨特务机关工作，辞去了日俄协会学校的工作，他拥有外交部官员和日本帝国陆军情报将校两个头衔。

他的计划之一是，向苏联收购从"满洲国"的满洲里到绥芬河的连结满洲东西的中东铁路。1932年8月，驻苏大使广田弘毅向加拉罕提议，将该铁路转让给"满洲国"。之后经过两年零七个月的协商、谈判，日满苏三方代表在日本外务省签订了转让协议。转让对象除了长达1733千米的铁路全线，还有松花江、黑龙江、乌苏里江的水运，煤炭医院等附属设施的全部所有权。转让金额是一亿四千万日元，苏联工作人员的退职金三千万，日本共支付给苏联一亿七千万日元。

这个转让价格，是杉原将苏联所提价格压价五分之一后的结果。虽然是其卓越的谈判技术促成的，但与其妻子的犹太人人脉有很大关系。

杉原很关心犹太人问题。提出要在哈尔滨建犹太人据点的,是计划建设西伯利亚铁路的叫西德洛夫斯基的犹太人。当时哈尔滨的40万人口中,犹太人约有13000人。在市内,也有与俄罗斯东正教教堂相匹敌的犹太教堂。哈尔滨是可与上海比肩的犹太人聚居城市,1933年阿道夫·希特勒在德国掌握政权,更多的犹太移民从欧洲换乘西伯利亚铁路移民到满洲。

杉原帮助在中东铁路工作的有苏联国籍的人及其家人办理手续,其中约有23000人回国,也有很多人留在满洲(如克劳蒂的父亲),他还雇用了新的俄罗斯人。为了顺利推进这些工作,杉原担任了"满洲国"外交部政务局苏联科科长兼计划科长,进行指挥工作,与此同时他还努力搜集苏联情报。杉原在1926年已经整理出了《苏维埃联邦国民经济大观》报告书,是特别装订成册的极其详尽的报告,彰显了年轻的杉原的力量。

在流入满洲的犹太人增加的同时,以大连特务机关长安江仙弘大佐和海军大佐犬塚惟重为中心,日本正在秘密推进将50万规模的犹太人引入"满洲国"的计划。其中有人道主义的原因,另外还有外交上以及经济上的原因。

人道主义原因就不用多说了,是要保护他们免受在欧洲的迫害。安江想让没有祖国的流浪者、犹太人成为"满洲国"的国民,将"五族和谐"变为"六族和谐"。

外交上的原因是,想要通过接受犹太人来抹去"'满洲国'是通过九一八事变那样的阴谋产生的日本傀儡国家"的国际社会形象。美国拿移民法作为挡箭牌,对于富有的或是拥有特殊技能以外的犹太人,发放签证时极其消极,犹太人想要进入英国所统治的巴勒斯坦,英国也以人员限制为由拒绝了。在如此状况下,如果"满洲国"接受犹太人的话,日本可以告诉世界"我们才是真正的人"。

关于最后的经济原因,将引用以下一段话:

"犹太民族强烈的民族精神可以通过彻底的祖国复兴得到满足吗?若非如此,在各民族间将犹太民族视为客人,如同让他们在经济甚至科学领域发挥作用一样,一起反省思考如何?这样的话我相信世界的所谓犹太问题就会消失了吧。"

这是安江写的,1937年12月26日在哈尔滨召开的第一次远东犹太社区会议上,哈尔滨特务机关长樋口季一郎的大会祝词的原稿。其主旨是在不存在犹太人国家的现状下,让犹太人在这片土地被同化,通过发挥其经济、科学才能来解决犹太人问题。

参加西伯利亚出兵的安江,观察着从苏联逃到国外的富裕的犹太人,和推动革命的无产阶级犹太人,"满洲国"需要的是前者。满洲如果接受有钱的犹太人的话,也可以将美国的犹太资本引进日本。

但是,安江考虑接受的犹太人的数量是50万,如果超出这个规模,擅长金融贸易的他们的影响力可能会变得很强大。在对国家尽忠方面,50万人的规模是合适的。

安江可以说是当时作为陆军军人,最高级别的合理主义者。

之后,"满洲国"的犹太人接收计划,被历史学家Tokayer命名为"河豚计划"。河豚虽然美味,但也含有剧毒。因此,将不会危及身体的规模的犹太人引入,让其作为发展"满洲国"的力量。"河豚计划"是贴切地形容了对待"满洲国"犹太人观点的命名。远东犹太社区会议,1939年12月23日第三次在哈尔滨召开,也成为了最后一次。

第二年9月,日、德、意三国军事同盟缔结,所以日本不得不顾忌纳粹德国。在其两个月前的7月28日,安江卸任了大连特务机关长,被命加入预备役。

在这期间,杉原千亩和克劳蒂离婚了。1935年12月,他们递交了离婚申请。虽然杉原在哈尔滨时期无比热爱克劳蒂和苏联文化,但是对于即将要成为日本国大使的杉原,有个流亡的俄罗斯妻子,对其仕途可能是不利的吧。

杉原虽然与克劳蒂分开了,但他以个人意愿继续进行在"满洲国"受挫的犹太人接收计划。1939年杉原离开"满洲国",前往波罗的海沿岸三国之一——立陶宛的首都维尔纽斯,担任日本总领事代理。在第二年7月9日的早晨,杉原面对着想要逃离纳粹德国的威胁的立陶宛和波兰的犹太人们。

考纳斯的犹太人设想了三条逃离路线。第一条是渡过波罗的海前往中立国瑞典;第二条是南下至乌克兰的敖德萨,渡过黑海穿过伊斯坦布尔的博斯普鲁斯海峡,前往中东;第三条是从莫斯科经西伯利亚铁路,从终点符拉迪沃斯托克(海参崴)前往横滨港。来到日本总领事馆的犹太人打算通过第三条路线进入日本,然后再从那前往最终目的地美国、澳大利亚。

杉原决定人道主义义务优先于政府政策。日本外务省出于对德国的考虑,不允许发给犹太人签证。松冈洋右外相对柏林的日本大使馆做出指示,除了已经办完入国手续的人,不再发放日本的过境签证。但是,杉原给驻考纳斯苏联领事馆打电话,确认苏联会尊重日本发放过境签证的意思后,从那天开始至8月26日继续给约6000人的签证盖了章。

那之后不久,中苏边境附近的满洲里站站长柳谷忠吉利和部下上野破魔治,被从苏联来的持有大批过境签证的进入"满洲国"的犹太人惊着了。满洲里的站长由哈尔滨学院的毕业生担任。柳谷是第四届学生,上野是第十四届学生。看到入境的这么多犹太人,他们做梦也不会想到这是他们的前辈背负着巨大风险决定的结果。

1940年年初,一周一趟的始发于莫斯科的直达列车搭载了150—200名的犹太人。他们中有多半没有"满洲国"的过境签证,但"满洲国外交部"命令在满洲里站发给犹太人签证。上野也承担了签证发放任务,他们一个接一个地给犹太难民的护照上盖签证章。对于虽然有了签证,但身无分文买不了票的犹太人,就带到满洲里中国人开的当铺,让其抵押随身物品换钱。同时,上野被命令将他们的话传给哈尔滨特务机关。因为对于关东军来说,犹太难民是了解苏联和欧洲现状的很好的情报源头。上野也没有理由知道在"满洲国"的犹太国家构想。

在那之后,杉原被任命为德国领地波罗的海沿岸城市哥尼斯堡的日本总领事代理,这是1941年2月的事情。不仅善长俄语,也精通德语的杉原,向当地人打听关于当地德军动向和孩子们疏散的情况。5月9日杉原给外务省发电报,传达了最近一周打听到的苏德关系情报以及苏德一战必至的消息。

杉原是优秀的情报将校,他是了解、收集、判断当地情报,再将消息传回祖国的人物。但是，外务省连一眼都没看杉原的电报。外务省通常以国内情报优先，仅以狭隘的见解就无视了杉原的情报。这样隔绝情报，只会让日本的情况越来越糟。

哈尔滨的繁华街

杉原千亩的后辈岛津等新生，在熟悉了哈尔滨学院的生活后，频繁地到街上去。即便如此，允许学院学生外出的也只有周日的午后。在有限的时间里，他们最先去的地方，是位于哈尔滨站东北方向的市内最大的繁华街 kitayisikaya（中国人街道）。

在哈尔滨城市建设开始的19世纪后半期，作为建设人员来到哈尔滨的中国工人在此地定居，因此此地叫 kitayisikaya。之后，在 kitayisikaya，出现了现代旅馆、日本人经营的秋林百货商店、咖啡馆、卡巴莱等。现代旅馆里也同时设有剧场，上演由俄罗斯歌剧团表演的《叶甫盖尼·奥涅金》《黑桃皇后》等歌剧。

虽说如此，领到奖学金的人，即使去 kitayisikaya 的中心，充其量也就是去现代旅馆的茶餐厅，喝杯红茶，瞄一眼俄罗斯女客人。街上的咖啡馆出售各种颜色的巧克力。在店内戴着高品质帽子的俄罗斯女人一边享受着红茶和点心，一边吞云吐雾。拥有砖砌建筑物林立的大道、石板人行道的哈尔滨被称为"东方小巴黎"，kitayisikaya 真是与这个称呼相称的一角啊。

但是，从这条大道向外迈出一步，气氛就完全不同了。比如说在那里有卖鸡的俄罗斯人。一有客人来，他就将一只手抓着的玉米粒撒出去召唤着鸡。当10只左右的鸡在啄食的时候，他就会问客人看中哪一只了。然后他将客人看中的鸡抓起来拧下鸡头,干净利落地把毛拔了。在中国人的摊位上挂着猪头、猪蹄,还有被扒了皮的通红的兔子。

在市区繁华地段,到了春天就是卖樱桃的,到了冬天烤红薯的叫卖声格外响亮。樱桃可以说是在漫长的冬季结束后,人们翘首以待的季节到来的象征。烤红薯与日本的不同,水分很多,所以像软糖一样黏稠甘甜。

哈尔滨整年都在卖饺子。学院的学生在哈尔滨记住了饺子的味道,吃不了大蒜的人就吃中国式煎饼。加热直径约30厘米的无边圆形铁板,上面滴上由玉米面和水和成的面糊,然后摊平。直至延展到铁板外围的最边上,摊薄烤熟就做好了。热腾腾的煎饼要和豆腐汤或白酒一起吃,这么吃才好吃,而且会找给一元钱零钱。

在学生宿舍附近有家叫"Bufetto"的俄罗斯料理店。秃头的俄罗斯老板拿手的招牌菜是肉排,但没钱的学院学生会将钢笔放在那里代替饭钱。店内收藏的日本制钢笔都可以举办展览了。

精通俄语的高年级学生,可以通过兼职翻译出入高级店。

在被称为哈尔滨第一的卡巴莱的入口,常常站着戴有金丝领带的俄罗斯男服务员。客人一来,他们先是恭敬地敬礼,然后打开门。光顾卡巴莱的客人多是来自内地的政府高官、关东军的上级将校、在满洲的日本企业担任要职的人员。由于哈尔滨学院优秀的翻译在晚上也要工作,所以他们既可以得到工钱,又能看到精彩的场面。但有时他们也很困惑,因为有将校想要穿着木屐和便衣棉袍进入卡巴莱。

对于曾经侍奉过俄罗斯贵族的卡巴莱男服务员来说,穿着木履入店是荒唐的行为，但对方是军人。服务员试图礼貌地拒绝将校进入店内，但将校开始怒斥说：

"你和谁说话呢？我就要进去！"

剧场内也麻烦不断。某次，在舞台的前座，一位上了年纪的演奏家在用巴拉莱卡琴弹奏民谣。巴拉莱卡琴是曼陀林系的三弦乐器，以感伤的音色见长。看到这些的将校说："不要弹那些招人烦的东西，演奏日本军歌！"

哈尔滨学院的学生作为翻译，没办法只能问弹奏曼陀林的老演奏家，能不能弹《军舰进行曲》，但俄罗斯曼陀林演奏家是不可能会弹的，他只是摇了摇头。将校愤怒地走向正在商量的翻译和演奏家，大骂老演奏家后，快步离开了卡巴莱。

此时有些翻译的解决办法，就是将将校从卡巴莱带到旁边的卡巴莱"troika"，那里是高级妓院。将校刚才的愤怒都消失了，心情完全转变，和俄罗斯妓女消失在里面的房间。

在那期间，翻译会拿着喝的东西坐在华丽的店内沙发上。穿着土黄色制服的他们的裤子是像细腿裤那样前面不开口的，和那样潇洒的翻译打招呼的女性中，没有高级妓女。

哈尔滨有三条妓院街。其中之一是像"troika"那样的高级店，是以可以看豪华演出的主宾为对象的店。第二是能够代替旅馆的地方。那些店里大都有小型舞厅。客人看上店里的哪个女人后就邀请她去跳舞，跳舞结束后两人就消失在女人的房间。费用约为5卢布。相当于troika一杯饮料的钱。客人以当地日本人和军人居多。第三是位于naharofuka地区的店。这些店位于哈尔滨西郊的俄罗斯人贫民街，那里坐落着有白铁皮房顶的简易民宅。在这里居住的多是俄罗斯农民。在kitayisikaya卖花的少女们大都是naharofuka的居民。

在naharofuka没有正规店面的妓院。站在街上招揽客人的女性眼窝深陷，散发着伏特加的味道，偶尔会随性吟唱《黑暗周日》。这首歌是由法国尚松歌手达米阿演唱的匈牙利歌曲，后被翻译成俄语在哈尔滨流行。唱过《黑暗周日》后，她们也会唱苏联歌曲。

在naharofuka，唯一让人自豪的是和kitayisikaya同样的石板街道。但是那里大都躺着烂醉如泥的男人，即使在深冬醉倒在地也很常见。住在哈尔滨学院附近的马家沟地区的俄罗斯人，是与流亡贵族的后代、擅长经商的犹太裔俄罗斯人等富裕阶层生活在不同世界的人。

顺便说一下，当时在哈尔滨流行的曲子，有淡谷的《离别的勃鲁斯》。这首曲子录制于1937年，可能是因为日本人还没有听惯勃鲁斯这种语言，这首歌在日本完全没有流行起来。两年后，淡谷为了慰问在满洲的日本人，组成了"淡谷野利子和她的乐团"，在满洲各地举办音乐会，这个时候这首歌在哈尔滨火了起来。

在哈尔滨舞厅听淡谷歌曲的士兵们，会唱日本歌是机会，是晚了半年的爆红。哈尔滨是对流行趋势灵敏的城市。淡谷非常喜欢kitayisikaya的"维多利亚"咖啡馆的柠檬茶和俄罗斯甜点。

自杀式军事训练

在松花江的岸边有满铁所属的帆船俱乐部。在白色建筑物内的某个餐厅内，"满洲国"政府的干部、企业家，或是俄罗斯绅士、淑女一边听着店内乐团演奏的欢快曲子,一边享受着美食。到了夏天,可以看到穿着泳衣戴着太阳镜的俄罗斯女人在岸边享受日光浴。在松花江的正中间有个叫"太阳岛"的江中之岛。建在那里的漂亮别墅,是频繁光顾餐厅的俄罗斯人的财产。

乍一看是祥和的风景,但从帆船俱乐部向太阳岛的对岸看的话,能看到在通向满洲里的满铁铁桥的两端有关东军铁桥警备队的哨兵所,戴着钢盔的警卫兵腋下挎着刺刀在桥上走来走去。

满洲里是与苏联边境接壤的城镇。

哈尔滨学院的学生中,有人被在松花江边散步的身着光鲜亮丽的连衣裙的俄罗斯女人迷住了,内心希望"要是掌握俄语的话,娶个俄罗斯女人做老婆,就会成为'满洲国'的驻莫斯科大使吧"。他们想着像曾经的杉原千亩那样。但想想也知道,在实际的学院生活中那就是梦想。

在第一学年的一周课程中,除了 10 小时的俄语会话、13 小时的俄语语法外,还有 6 小时的建国精神、2 小时的武士道、12 小时的修炼。另外也有苏联情况、苏联宪法、经济原论、史学,以及农活和军事训练,军事训练中,也会有用两轮拖车模拟苏联战车的突击训练。

所谓的"加馅面包"攻击就是,一人挪动作为苏军战车的两轮拖车,一人在竹竿的一头绑上代替小型地雷的装满沙子的麻袋(人们都称之为"加馅面包"),然后向着战车猛冲。加馅面包如果扎进两轮拖车前轮,就能破坏战车的履带。这是自杀式军事训练。

关东军与苏军间首次发生真正的军事冲突,是 1938 年 7 月在张鼓峰。关东军司令部负责对苏关系的中佐参谋从空中视察与满洲、苏联、朝鲜都接壤的珲春地区时，以苏联边境警备队越境为由，下发了击退苏军的指令。满洲方面出动了朝鲜的第19师团，在边境要塞张鼓峰与苏军发生了冲突。尽管关东军受到了猛烈攻击，但一直死守张鼓峰，于同一年8月停战。

关东军真正见识到苏军威力的是1939的诺门坎事件。1939年5月，满蒙边境附近，在广阔的呼伦贝尔高原的诺门坎，"满洲国"军队和蒙古国军队，因国界问题发生了冲突。蒙古国是紧随苏联诞生的第二个社会主义国家。在诺门坎的牧草地区，日本和"满洲国"主张自己拥有喀尔喀河，蒙古国和苏联主张，至诺门坎都是自国领土。为了维护一丁点儿土地的所有权，双方发生了冲突。

同年4月，关东军制定了《满苏边境纷争处理纲要》。其主旨是，允许为彻底打击侵犯边境的苏军，暂时侵入苏联领域。但是，驻扎在海拉尔的第23师团骑兵联队，被苏军的战车队围攻全歼（第一次诺门坎事件）。7月，想要雪耻的小松原道太郎师团长向关东军申报"应坚决反击苏联"，除第23师团外，关东军还派遣了第一战车团、第七师团的一部分、第二飞行集团等56000人的兵力到当地。另一方面，苏军在朱可夫司令官的指挥下，三个狙击师团、五个装甲师团和骑兵师团集结到了诺门坎。结果是，拥有近代装备和高性能战斗机的苏军获得了压倒性胜利（第二次诺门坎事件）。但据说，关东军使用34年前日俄战争中使用的肉搏战，日方死伤人数约为20000人，而苏方达到了26000人。

尽管日军在此次战斗中见识了苏军新锐武器的威力，日本军队在那以后也还是以精神论优先。苏联为了避免东边日本、西边德国的双重正面夹击，并没有穷追关东军，所以关东军疏忽了对诺门坎事件失败的总结。

哈尔滨学院的学生在结束课程和军事训练后都已经累得筋疲力尽。宿舍是在十点熄灯，那之后，就只有厕所和办公室会亮灯。如果有人想要复习俄语，就要在办公室一边与睡意战斗，一边单手拿着《岩波俄语词典》，复习当天所学内容。

但是，哈尔滨学院宣扬的为日俄外交、通商培养有用人才的理念已经消失了。从日苏贸易额的变化来看，在1926年达到约3000万日元以后，一直上升，到1937年达到了4155万日元，但在第二年就骤减到594万日元。同年，德国运输公司"hamaha"收购满洲大豆、朝鲜半岛北部产的鲸油、沙丁鱼制成的干燥鱼粉等，经过中东铁路、西伯利亚铁路运到自己的国家，但因苏德间关系越发紧张，这一贸易路径被中断。中苏贸易，在1941年苏德战争爆发的第二年缩减到64万日元。之后，虽有短暂恢复，但在1944年仅有6万日元。哈尔滨学院的学生已经丧失了在对苏通商贸易中大显身手的机会。

情报战

此时的哈尔滨学院上午是教授俄语的地方，下午就变成了兵营。如果听说这样的哈尔滨学院的毕业生主要的去向是哈尔滨邮政管理局，人们可能会感到不可思议吧。但是，哈尔滨的邮局设有外国邮政科。其中，有从东京外国语学校、大阪外国语学校等处分配来的人，还有从内地来的会外语的人。

外国邮政科的工作是审查外语报纸。工作流程如下：

中国男孩将装有外国寄来的邮件的邮袋拿进来，扔到大桌子上。男孩一出去，职员就从山一样的邮件中，选出俄语等外语的报纸、杂志。在哈尔滨，除了白俄罗斯人，还住着很多外国人，他们会收到从自己国家寄来的各种各样的报纸、杂志。这么做是要检查一下这些报纸、杂志是否含有反日的报道。

外国邮政科的外语专家们瞪大眼睛，扫视着西洋文字，刊登着危险内容的东西当场就被处理掉了。比如《东京中心因空袭而化为灰烬》《美军最终在冲绳登陆》《驻东南亚的日军撤军》《在中国战线苦战》等。不只是头版，甚至连小的版块的报道也要找出来。

"各国的间谍在哈尔滨蠢蠢欲动"，这是哈尔滨特务机关人员的话。

在1939年3月31日，"满洲国"政府公报第1486号公布了《敕令五十九号国立大学哈尔滨学院官制》，因此哈尔滨学院成为了"满洲国"立大学。

日本的外务省和日俄协会，反对由"满洲国"直接管辖哈尔滨学院。但是哈尔滨学院自创立以来，一直苦于筹集资金。所以校方曾考虑设立特殊财团来经营学校，或是让满铁管理。但是，改革方案都缺乏现实性，因此，不得不安于"满洲国"立大学的身份。之后，哈尔滨学院被视为培养"收集苏联情报的专家，即对苏间谍"的教育机构。

在哈尔滨学院学生就职地之一的特务机关，有白俄罗斯职员，由会日语的人负责翻译，其余的当司机或是厨师。他们都是经特务机关统治下的白俄罗斯移民局推荐的人。移民局推荐的人，要在思想上远离苏联,没有间谍嫌疑。

哈尔滨学院第10期学生加藤幸四郎于1935年4月,在哈尔滨特务机关就职,同年8月前往满铁。加藤成为满铁员工,是因为满铁从苏联收购中东铁路后,在继续经营时需要懂俄语的人才。在杉原千亩指挥收购铁路的时候,加藤被分到了录用窗口——满铁的哈尔滨铁路人事科,担任面试官。比加藤再往后的79名第14、15期学生负责简单的日俄口译。学生们不只要翻译,还要帮忙制作中东铁路的资产目录。比如,一台机车的零件就达到300个,要将与此相关的俄语文件翻译成日语,是个庞大的工作。

加藤的直属部下中有个叫米哈依尔·阿列克谢维奇·马托科夫斯基的白俄罗斯股长。马托科夫斯基是白俄罗斯移民局中有实力的人。他的父亲是俄罗斯帝国的将军,马托科夫斯基在士官学校毕业时发生了革命,一家人就流亡到了哈尔滨。据说,在工科大学学习技术的马托科夫斯基是个彻头彻尾的反共产主义者,才30多岁的他,在移民局内就有很高的声望。

住在哈尔滨的俄罗斯人,除了一部分的富裕阶层,大都是贫穷的,因此纷纷来满铁求职。加藤在马托科夫斯基的帮助下,在入社的第一年就录用了2000名俄罗斯人。

给雇用的俄罗斯人培训也是加藤和马托科夫斯基的工作。加藤负责教员工日语,马托科夫斯基负责制作俄语写成的工作手册。两人在1939年和1940年,带领俄罗斯员工去日本培训旅行。这个团体的团长是马托科夫斯基,副团长是加藤。

之后,哈尔滨特务机关组成了哈尔滨俄语教育队,加藤作为教育主任教授俄语。教育队从满洲和朝鲜召集来二三百名学生,进行为期三个月的初等教育,通过考试选拔出75人,再教育8个月。虽然最后这些人编为是转隶于哈尔滨特务机关的部队,但是加藤和马托科夫斯基的合作也持续到了1941年6月加藤被召集的时候。

对于加藤来说,马托科夫斯基是最值得信赖的部下。但之后,加藤知道了马托科夫斯基双重间谍的事实,表面上他为日本人工作,背地里他向苏联泄露满洲情报。

间谍是某种最接近真实的人。在审查外国报纸的外国邮政科以及调查苏联动向的特务机关工作的人,也是互相监视。

遗留的头发和指甲

哈尔滨学院的学生常去叫傅家甸的中国市场,卖饺子、煎饼的摊位和卖衣服、鞋子的地摊鳞次栉比。这里也被称为"小偷市场",不知来源的商品都可以在这里买卖。

北海道带广中学毕业的第24期学生北守博早早就花光了奖学金,他也去过傅家甸,因为听同年级的钱育才说"小偷市场有不错的当铺"。钱育才毕业于南满中学,是考上哈尔滨学院的中国学生。

北守要求钱育才同行,二人坐了一个小时左右市营电车到了傅家甸。一踏进去,就被中国商人一齐围了起来。

在用中文滔滔不绝讲个不停的生意人面前,北守自始至终站着不说话。后来,钱育才将商人们控制住,说:"没关系,我来和他们谈。"然后就用流利的中文开始和他们交涉。

北守来这里要卖的是一双帆布鞋和一件衬衫,他听到的声音是"40元买"。北守听到比预想好的价钱后很高兴,但钱育才还在交涉。即使中国商人一再抬高价钱,钱育才也只是摇头。

最后以85元的价格卖出,那是比抵押给当铺高出几倍的价格。

"和中国人做买卖的事,就交给我吧。"钱育才得意地说。二人在小偷市场给同学们买了水果和巧克力。

那之后,学院学生间有了"有困难去傅家甸"的口号。

第26期学生木村正美,在1945年5月初去了傅家甸。木村不是想卖什么,而是想要剪去长长的头发。小偷市场有许多露天理发店,只要有椅子、镜子和剪刀,哪里都能做成买卖。

木村进的是一家类似棚屋的店,那个中国理发师虽然动作缓慢,但他把木村的脸剃干净后,还给木村剪了指甲。真是服务周到。木村很感谢理发师,慷慨地给了小费后从椅子上站起来,理发师边微笑,边把刚才剪下的头发和指甲用纸包起来递给了木村。

木村突然感觉像有一盆凉水浇了下来。因为在理发师手里的头发和指甲代表着遗物。大概是曾经来过这里的日本客人,告诉过这个中国理发师日本士兵的习惯吧。木村觉得,中国理发师预见了自己的命运。

木村走出店后,理发师说了几次"谢谢",然后低下了头。

柏林来的信使

1941年6月22日,德军违背了《苏德互不侵犯条约》,进攻了苏联。总共由 300 万人组成的德军,从波罗的海至黑海的苏联西部边境拥入。战争初期德军持续胜利,不到一个半月的时间,距莫斯科西部 380 平方千米的斯摩棱斯克落入德军手中。接着,列宁格勒也被完全包围,但在 1942 年 7 月开始的斯大林保卫战中形势发生了逆转。那年冬季严寒,在伏尔加河沿岸城镇的战斗中,德军遭到了毁灭性打击,在那之后,德军节节败退。

在满洲,与苏德开战的同一年,关东军开始了对苏特种演习。将 70 万的兵力集结到中苏边境举行的军事演习,通称为"关特演"。9 月,在哈尔滨学院主馆大厅,张贴出了第 20 期学生的就业一览表。关东军和哈尔滨学院任意决定了学院学生的就职方向。暑假期间,学生们收到接替三毛校长的手塚省三发来的机密通知,让他们在 7 月 31 日前返回哈尔滨学院。全部学生基本上都提前毕业离开了学院。尽管哈尔滨学院成了"满洲国"立大学,从三年制的专科学校变为四年制的大学,但在其历史中,没有一个人完完整整地读完四年。

同年 12 月,仲野正参加了哈尔滨学院举行的,以来自驻满中学的推荐者为对象的口试。在大连中学读过书的仲野,在和来自同一所中学的,现就读于哈尔滨学院的学长打招呼的时候,被学长的同学问道:"什么?你要来哈尔滨学院?看看我们吧。被圈在马棚里面,也没和我们说好就强行让我们全体去特务机关。快别来这个学院了!"

听了他的话仲野虽然有点畏缩,但已经合格了,也无法升入其他专科学校或大学。这年暑假,没有去参加关特演的一、二年级学生,被送往哈尔滨西北方向,在满洲里附近的海拉尔挖战壕。

1943年10月，学生的征兵延期制度被废除，四年级学生提前毕业。第二年2月，第23期学生和第24期学生成为征兵检查的对象，仲野等第23期学生在9月，也就是只在学校待了两年半就毕业了。

1944年6月，联合国军队在法国北部进行了诺曼底登陆。在东西两侧展开正面作战的德国，受到双面夹击。第二年4月30日，阿道夫·希特勒在柏林元首官邸的地下室自杀。5月7日，纳粹德国向联合国军队宣布无条件投降。

哈尔滨学院第6期学生成田精雄在德国战败后，从一片废墟的柏林出发前往莫斯科，他要将德国的状况和欧洲情况汇报给关东军参谋总长。

1928年从当时的日俄协会学校毕业的成田进入满铁，在调查部主要从事对苏联经济的研究，1937年曾在法国和德国短期留学。后来，掌握德法俄三种语言的成田前往满铁欧洲事务所赴任。1940年，巴黎落入德军手中，事务所迁往柏林。之后，成田成为满铁欧洲事务所所长，同时还获得"满洲国外交部"特约人员和《满洲日报》欧洲代表的身份，考察德国在东欧的占领地情况。

成田向莫斯科出发，进入其视线的是，在东部战线，苏联的机械化部队在重炮的掩护下前进，步兵紧随其后。一个中队中会有一两个女兵，她们用红色或青色的缎带绑着头发，同男人一齐行军，后面跟着战车大军。

到达莫斯科的成田换乘了西伯利亚铁路。在从首都出发的列车上，经过贝加尔湖南部去往外贝加尔站的途中，成田看到被飞机、火车、潜水艇、火炮等零部件填满的货物列车，这是活跃在对德作战中的苏联精锐部队的列车。德国投降后,列车上载着的苏联士兵,为能回到祖国而高兴。但是,列车在莫斯科等苏联西部主要站点不停,一路向东行驶。列车里也有由囚犯组成的部队,他们把伏特加当水喝,克服了对死的恐惧。在斯大林格勒的对苏作战中胜利的人们情绪狂躁。

很明显苏联正在加强远东方面的军备。成田在赤塔换乘中东铁路,经过满洲里,到达"新京",然后传达了"苏军必会进攻"的消息,结束了十天的行程。

在成田到达"新京"几天后,"满洲国驻德大使馆"的秘书来到了哈尔滨学院南宿舍。他比成田晚几天从柏林出发。

涩谷三郎院长在南宿舍召开了座谈会,想要问问同盟国德国究竟怎么样了。和成田一样,也看到东部战线、西伯利亚铁路情况的他说:"日苏一定会爆发战争,但无法预测是什么时候。可能是一年后,也可能是半年后。无论是什么时候,大家都要做好心理准备。"

他留下这些话后去了"新京"。

战争终于要来了。围坐在秘书周围的学院学生们身体为之一振,但秘书和成田带来的情报,会被关东军司令部利用吗?

成田精雄所属的满铁调查部,某种程度上掌握了苏德战争的情况。调查部在"新京"、哈尔滨、大连、东京、北京、上海设立研究部门,以中国全境为调查对象,工作人员超过2000人。调查部设有第三调查室(北方组),主要以哈尔滨学院出身的人为核心,分为苏联的法律制度、外交、内政、综合、财政、交通、农业、林业、远东、资料几组,认真跟进情报。

第三调查室也得到了德国正受到苏联猛烈反击等情报。第三调查室的《苏德综合周报》跟踪传播战争情况。苏德开战时,日本作为同盟国相信德国会胜利。在1939年至1943年担任满铁总裁的大村卓一也说:"德国的进攻迅速。"法国在短短40天内就投降了。他认为:"斯大林政权也两个月就会瓦解。"但统管第三调查室的具岛兼三郎反驳说:"德国虽然在战争初期获得胜利,但石油补给困难,只要无法保住高加索地区的巴库油田就无法取得胜利。红军与法军不同,无论是装备还是士气都很优秀,苏德战争别说是两个月了,我看一定会是长期作战。"

但是,仇视苏联的关东军想要获得"无论如何苏联也不行"的数据,对第三调查室的调查内容不以为意。在苏联远东的布拉戈维申斯克(海兰泡)担任"满洲国"总领事代理的第12期学生构浦智吉,在因公事前往"新京"的关东军参谋部第二课时,课里的几名参谋边喝威士忌边在纸片上写着什么。

"是,30天。接下来呢?什么?两周吗?"

构浦虽然不知道他们对什么这么感兴趣,但当他知道他们是在打赌德军用多长时间能够进入莫斯科时,目瞪口呆。在这样的状况下,不能指望满铁调查部对苏军的分析会反映在日本的外交政策上。

第20期学生柴田忠藏,在哈尔滨特务机关第二组分析苏联的动向。第二组窃听苏联的无线电通信得知,驻扎在苏满边境附近的苏军要求后方部队"送石油"。此外,在设立于赤塔的"满洲国"总领事馆工作的情报将校,一一报告了西伯利亚的运输情况。柴田明白,德国战败后,苏满的战斗力差距在一天天扩大。尽管如此,他们也只能采取坐等进攻的"对苏静谧"的方针。

德国战败的时候，关东军在整个满洲加起来也不到60万人。关东军为了填补空缺，从菲律宾等地派来士兵，又分别从中国派遣军和朝鲜军调入四个师团和一个师团。即便如此，也不得不承认兵力依然不足，"满洲国"民间人士也成了召集对象，开始了所谓的"五月动员"。

在哈尔滨学院，先是发给教授们召集令。教俄语语法的南、樱木、佐山等教授，没有告诉学生分配地区就接连离开了。接着，第24、25期学生也收到了召集令。

涩谷三郎院长在5月10日，将确定入伍的学生叫到校长室。

"今天，你们全体临时毕业，正式的毕业证书到9月再发给你们。从今往后，你们就是士兵了！"

离开校长室的"毕业生"在那之后，拿着在傅家甸卖衣服和被褥的钱，去kitayisikaya的俄罗斯餐厅，点了罗宋汤和烤牛肉。罗宋汤在俄罗斯是最受喜爱的汤。在圆筒锅里放入肉和蔬菜煮出汤，再将取出的肉块放到烤箱里烤。他们就着罗宋汤吃黑面包。

他们酒足饭饱后微醺地走在街上，拉客的俄罗斯人用日语不厌其烦地和他们说："学生，看看，只要500元，看看，只要500元。"他们被拉进去的地方是俄罗斯人开的酒吧。店里的墙壁上有小的窥视孔，店员说："看那儿。"闭上一只眼睛把脸靠近后，在墙那侧的小房间里一个全裸的俄罗斯女人在摆着各种各样的姿势。

"请看吧。"

说着俄罗斯女人张开了大腿。

可能马上要和这个世界说再见了吧——学院学生怀着这样的心情将眼睛靠近了窥视孔。

5月22日清晨，未满18岁的第26期学生为入队的高年级学生送行，他们将军人圣谕、战阵训、步兵操典、笔记用具，还有学徒袋带在身边。

分配地是"满洲国"各地的对苏边境守备队。第25期学生角津正寻和田中厚怀着沉重的心情前往哈尔滨站。

以后不会再回到这里了吧？

角津到满洲的第五十六部队入伍，然后前往流经苏满边境的阿穆尔河（黑龙江）附近的瑷珲，那里曾是俄罗斯和清政府因边境问题展开战斗的地方。1858年5月28日清政府签订《瑷珲条约》，规定将自国领土阿穆尔河（黑龙江）左岸割让给俄罗斯，划定了两国的边界，俄罗斯因此与朝鲜接壤了。清政府在1860年的《中俄北京条约》中承认俄罗斯在沿海地区的所有权，1873年开放符拉迪沃斯托克（海参崴）港口。

角津被分配到通信组。虽然每天都接受莫尔斯密码的特训，但如无特殊原因他也要和其他新兵一齐整队。

田中去的是海拉尔，那里一眼望去都是平原。上级骑着骆驼。虽然部队里有迫击炮，但步枪不足，田中什么装备也没有。田中从海拉尔向大兴安岭山岳地区移动，在那里代替防空洞工兵挖洞是他每天的工作。

作为军人，做这个能打败敌人吗？田中不好意思地握着小铲子。

结束的开始

学生减少到了五分之一的哈尔滨学院处于闲散状态。包括未满十八岁和因病未被征兵的学生和教员总共五六千人。

即便如此,上午的俄语课,仍在正常进行。博达晓夫教授也好,帕诺波娃、波多斯塔维娜女士也好,并未对局势做特别评论,剩余的学院学生依然接受着俄语洪水的洗礼。

午后的军事训练增加了在满洲飞机制造所的工作。工作是螺旋桨轴和轴承的制作、引擎内径的测量等。在那里,关东军的见习士官曹长是班长,下面配有现役的伍长、征来的士兵。

岛津主要负责的是车床。因为他在东京的精工舍做过雷管,所以工作进展很顺利,但他在内心抱怨"即使在这儿,也还是劳动动员啊"。

学院学生中,有人可以不用做制造所的工作,被分到滑翔机部队和汽车部队。缺少飞行员的关东军,从民间征用了合适的人。来自"满洲国"各地的十几个学生被派到了哈尔滨学院对面的飞机场。他们都是些对自己的能力很有信心的人。

第一次乘坐滑翔机的人,对刚开始滑行就在瞬间前进5~10米感到害怕。但当机体浮在距地面10米左右的地方,就能感受到乐趣了;自此再上升到50米的空中,花不了多少时间。达到此水平的学生,就能获得三级滑翔士的资格。

哈尔滨学院第26期学生堀内彰,在和歌山中学的时候就取得了三级滑翔士资格,所以,他在飞机场接受被征来的第24期学生二宫正昭的指导。

由于滑翔机无法靠自己的力量离开地面,所以要利用让鼓轮旋转卷动绳索的绞盘车拖曳。但绞盘车不够,所以,学院学生就抬起汽车的后轮,将鼓轮缠在那上面,让轮胎旋转再卷起绳索。

堀内乘坐的滑翔机在上空100米高处盘旋。从那里俯视哈尔滨市的话，这个城市在广阔的土地上就一小点儿，简直是如芝麻粒一般的存在。

另一方面，汽车部队，并没有像盘旋在满洲上空的滑翔机部队那样威风。第25期学生前往满铁汽车部队，掌握汽车配备技术，为将金属部分转用到军事用品上，要做报废汽车的拆除工作。

这样的生活开始一个半月的时候——在1945年6月中旬的早会上，涩谷院长传来了冲绳守备队的消息。在美军登陆的冲绳，约有19万人战死，其中10万人是民间人士。

随后，关东军在满洲开始了7月动员。

此时拥有18个师团、4个旅团的关东军，又重新组成了8个师团、7个旅团、1个战车旅团。为了到7月31日完成75万人的体系，他们实施了"刨根式动员"，召集到约20万人。在满洲30万的日本成年男子中，在政府机构、警察署、军需业务部门就职的有十万，所以基本上全员都是征集对象。离苏军的进攻"最早在8月"的预测时间越来越近，哈尔滨学院终于停止了俄语课。俄罗斯教授回到了自己家中。

然后，第26期学生也收到了召集令。太田谷雄之所以最早收到，是因为他比同年级的学生年长许多。在进入哈尔滨学院前，曾在满铁工作的太田，在哈尔滨近郊的三棵树站当过车站工作人员。

他一到休息日就和同事去哈尔滨市里，去和kitayisukaya平行延伸的地段街，逛日本人经营的百货商店"丸商""登喜和"。但并没有带能够购物的钱，他们的目标是在那儿工作的俄罗斯女店员。

三棵树站的早会结束后，会有简单的俄语学习。太田没有一次缺席，但仅仅靠那个还无法使他满足，他就去了满铁附属的哈尔滨铁道学院，用六个月时间认真学习俄语，再回来时就当了早会后俄语学习的讲师。即使如此，太田也还想要提高自己的俄语水平，所以就从满铁辞职，进入哈尔滨学院学习。

接下来的三个月时间是战地派遣。在第26期学生中，已经能熟练使用俄语的太田，被派到了比海拉尔更往前的、靠近苏联边境的26815部队。

聚集在该部队的士兵基本上都是40岁左右。在这儿也有很多连刺刀也不给的"赤手空拳的士兵"。他们所要做的事情就是，反复进行抱着炸弹冲进敌营的自杀式训练，以及沿着国界挖战壕。

这里是前线吗？

在远远比不上精锐部队的组织中，太田感受到死亡在靠近。苏军已经陆续集结在边境附近，兵力达到150万人。但是，边境上被动员来的日本士兵，还不知道与这压倒性的战斗力之间的差距。

有时，可以看到关东军三机编队的战斗机在空中向北飞去。在太田眼中它们如红蜻蜓一般。

哈尔滨学院剩下的未满18岁的第26期学生被配发了三八式步枪。

对取得苏德战争胜利的苏联精锐部队，日本士兵应该在日俄战争时在枪中装五发实弹来对抗。将三八式步枪让给学生的关东军军人指着底座雕有的菊花图案对学生说："要拼命守护。"然后，还分给了学生手榴弹。

第四章
国家崩溃

第16—18期学生的军事训练

第23—25期学生的集体照片

呼伦贝尔高原

1945年8月初,驻扎在三重县度会郡田丸的第444连队小队长杉目升,在听到军队内部报告说"苏联动用了整个西伯利亚铁路的运输力量,将士兵运送到'满洲国'界",确信苏联要进攻了。

在最高战争指导会议上,对于大约一周前中美英发表的《波茨坦宣言》,米内海军相和东乡茂德认为:"如果保证了天皇的地位,应该接受。"阿南陆军相和梅津参谋总长等则认为:"那还不够,要将解除武装和处理战犯的任务交给日本人。"双方对立起来。

这种政权内部的事情,杉目并没有听进去。因美军接二连三的空袭而疲惫不堪的日本国内,还没工夫管满洲的情况。

正因为如此,杉目认为,现在要马上去满洲。正因为是在这样非常的时期,自己不更应该担负苏满边境的特殊任务吗?

杉目写的 ·系列的手记,《难忘"旷野"》《在蒙古高原的樱花——内蒙古呼伦贝尔高原——与日本人和当地人的交流记》,记录了他在哈尔滨学院和"满洲国"的活动。以下是在此基础上,重现他的满洲时代。

杉目升1916年7月生于奉天的日本领事馆机关宿舍。出生后不久,就因外交官父亲的工作变动迁往大连,在那儿成长。南山麓的住宅区,是个绿色房顶、白色墙壁、红色围墙的砖砌二层建筑林立的安静地方。1934年他从大连第一中学毕业。同年4月,他作为哈尔滨学院第15期学生入学。

杉目寄宿在马家沟的俄罗斯人家庭中,每天练习俄语。对于在大连这个曾是俄罗斯从清政府租借来的城市长大的杉目来说,俄语和俄罗斯文化是非常近的存在。他开始在哈尔滨生活后,休息日有时会去听哈尔滨交响乐团的古典音乐会,也会观赏高尔基和契诃夫的戏剧。1936年6月,哈尔滨学院比日本的学校早一步进入暑假。内陆地区的夏天短暂。这成为三年级学生杉目,最后的暑假。他和四个同学开始了计划已久的呼伦贝尔旅行。

呼伦贝尔位于"满洲国"的西北端,是与苏联接壤的地区。相当于现在的中国内蒙古呼伦贝尔市。中南部是草原和丘陵,北部是森林山岳地区。

作为"满洲国"的人,他很想了解"五族和谐"的一员——蒙古人。

杉目与同伴组成蒙古情况研究组,向哈尔滨学院递交了申请。如果学习俄语,将来要和俄罗斯打交道的话,应该走遍与苏联接壤的呼伦贝尔。

杉目他们从哈尔滨坐夜车前往海拉尔。海拉尔在"满洲国"属于兴安北省。

兴安岭是贯通呼伦贝尔南北的山脉。天快亮的时候,列车穿过山岳地区开始向呼伦贝尔下行的时候,乘务员就来了,放下全部车窗的窗帘。从这里开始不准往外看。因为自关东军将这里作为满洲西北部的军事据点,开始在呼伦贝尔驻扎以来,关于此地的从风景照片到统计表,都禁止公开发表。

第二天到达了海拉尔。在城镇中心,有"寿""入舟"这样的高级日本料理店,名为"曙""沙龙阿尔山"的咖啡馆、关东煮和大众食堂。近年来,由于日本人急剧增加,夜晚荒野独有的日本原汁原味的霓虹灯招牌到处闪烁。

杉目他们计划"到达海拉尔后,借马南下,途中经过外蒙古再去北京"。在北京如果能把马卖了的话,就凑出了回去的火车费。

但是,在军事上被视为重要地区的地方,是不允许那样旅行的。杉目去海拉尔的特务机关,说明自己的旅行计划后,特务机关的人吃惊地瞪大了眼睛。

"不允许无法保证生命安全的草率的旅行。你们到底有没有想想这里是哪儿?"

伟大的旅行梦想破灭了,杉目他们完全泄了气。可能是不忍心看学生们失望的样子,管辖海拉尔的兴安北省公署的警务科长说:"如果只在海拉尔旅行的话,就借给你们马和马车。"正准备就这样返回哈尔滨的五人向警务科长表示了感谢,不习惯地坐着马车开始了草原之旅。

虽说是马车之旅,但也不应该一匹马拉五个人。路上交替着两人乘坐马车,三人走路。在草原上可以看到牧羊人和羊群、高粱地、飞来的丹顶鹤等。云从地平线升起,越过他们的头顶向反方向沉下去。刚想着远处是不是能看到积雨云,一道闪电落下,如同炮声一般响彻草原。

在呼伦贝尔,除了住在草原和丘陵的蒙古族,生活在森林、山地的通古斯土著民族,还有外贝加尔哥萨克。

外贝加尔指的是位于东西伯利亚的世界最大的淡水湖贝加尔湖的东侧一带,他们因为住在那里所以被称为外贝加尔哥萨克,

"满洲国"有13000哥萨克分布在三河地区的约20个村子。

杉目他们受到三河的一家哥萨克家族的款待。他们因是会说俄语的日本年轻人而大受欢迎。

一边吃着各式各样的蔬菜冷盘,一边聊得火热,不久就上了烤鸡和整只烤乳猪。吃饱,伏特加也喝得刚好,所有人都站了起来。他们让主宾哈尔滨学院的学生,站在房间的上座位置,就是东边角落里挂着的圣像前,将手里拿着的伏特加小酒杯倒满酒。然后在主人简短的致辞后,人们聚在一起大声合唱:"干杯!干杯!"

伏特加要向倒入胃中一样一口气喝掉,这是礼节。干了之后对着天吐气,将桌上摆着的蔬菜或是涂了厚厚黄油的面包放入口中。因为什么也不吃就喝的话,马上就会大醉。即使如此,喝的量也是有限度的。

因在哥萨克一家的宴席上干杯而疲惫的杉目,想要喘口气,歌声立马就变成嘘声了。不干杯是不允许的。

好好好,就这样。

杉目他们反复将酒杯倒过来,伏特加流入了喉咙。之后也说着"为了日本和俄罗斯的友好""为了外贝加尔哥萨克的将来""为了健康地活着",继续干杯,在宴会的最后,所有日本人连路都走不稳了。

在那里也认识了不同于哥萨克的民族,就是亚裔的鞑靼人。在他们聚居的呼伦贝尔的村落,修建有伊斯兰寺院,早晚吟诵《古兰经》的声音如同寺院钟声的余音一样。

一个鞑靼人家,拿出灰色面包、自家制的黄油、盛满在小钵里的酸奶,还有刚挤的带有草味儿的羊奶,来招待杉目他们。

鞑靼人也是热情好客的人。晚上做了羊头汤,将煮得恰到好处的羊头里的富含明胶的眼球也拿来待客。当然先盛到了杉目他们的盘子里。杉目他们好像被羊瞪着一样瞬间抖了一下，但很快就回过神来微笑着大口吃起来。

作为虔诚的伊斯兰教徒，他们与哥萨克不一样，不喝酒，却常喝红茶。杉目他们来的时候是夏天，到了冬天的话，鞑靼人去结冰的海拉尔河的上游凿出冰块，放在雪橇上运回来。他们将冰块保存在地下的储存室。沏茶的时候，从那取出来煮沸。硬水会沉到河的下面，所以河面的冰是软水，喝茶正好。

自蒙古人入侵的13世纪开始的约两个半世纪的俄罗斯被统治的历史，俄罗斯人称之为"鞑靼人的桎梏"。原本，鞑靼只是蒙古的一个民族。

居住在南俄罗斯一带的土耳其裔人也加入到当时的入侵俄罗斯队伍中，但他们也被俄罗斯人一块儿称作"鞑靼人"。

北边振兴计划

在夏天的呼伦贝尔之旅中，完全被当地迷住的杉目在1937年3月从哈尔滨学院毕业，后进入"满洲国"蒙政部。蒙政部大臣是蒙古人，参与官是哈尔滨学院第1期学生白滨晴澄。由于在"满洲国"行政府，是排名第二的日本人掌握实权，所以蒙政部的实际领导人是位于日系最高职位的白滨。

杉目于同年6月转隶属于海拉尔的兴安北省公署。因俄语能力而受器重的他，开始着手制定当地俄罗斯人的农林业和畜牧业的相关振兴政策。

为了让白俄罗斯人作为"满洲国"的一员留在这里，必须要提高他们的生活水平。仅靠反苏的政治立场是不可能团结的。什么样的产业政策才适合白俄罗斯人呢？蒙政部对当地进行了密切调查。杉目应该也是其中一员。

但是官署有不断的事务性工作，杉目每天必须完成堆积如山的文件处理等工作。因此，呼伦贝尔地区的产业振兴的实际工作无法跟进，杉目内心觉得很过意不去。

于是，他请求进行一年的实地考察。主要的考察数据有三个：①俄罗斯在寒冷地区的耕作方法；②哥萨克的阿塔曼（首领）制度；③阿尔干河沿岸俄罗斯人和中国人的混血情况。

杉目申请的调查，是按照"满洲国"北边振兴计划展开的。该计划的目的是，培养对苏边境地区的产业，加强国防。因此，研究①，对于无论如何也会扩张到呼伦贝尔的日本来说，成为了参考。②是通过对哥萨克社会的行政、军事方面的总括式调查，能够了解人们的生活方式。③尽管不是与产业政策直接相连的，但三河地区的民族融合，可以说是"满洲国"理念之一"五族和谐"的体现。

杉目的实地研究是从1940年5月开始的。地点是位于海拉尔东北偏北约40公里的住着1500左右哥萨克的村落。

寄宿的地方，是外贝加尔哥萨克的埃萨维尔（大尉担当官），君士坦丁·瓦什尔维奇·顿奇夫的家。顿奇夫的家是原木建的两栋连着的大农屋，住着他和妻子二人。养着奶牛、山羊各一头，还有一条狗。

杉目从第一天开始砍柴，给俄式壁炉生火，因为想要尽早和夫妻二人熟悉起来。

用来做柴火的是落叶松和白桦的原木。顿奇夫将其锯成70~

80厘米，从森林里带回来。由于落叶松的木纹是笔直通到底的，所以比较好劈，但白桦就比较难劈。但白桦不仅用于采暖，也可从其树皮上提取漆黑的油脂。容易点燃的油脂可以用于煤油灯。白桦是非常珍贵的树木。

杉目一边做着家务，一边观察着顿奇夫等村民干农活，不久就一起干活了。

俄罗斯革命后移居到呼伦贝尔丘陵地带的哥萨克，首先开垦了斜面，种植了小麦、荞麦、燕麦、马铃薯。据说三河地区是"春天快跑，夏天快跑，秋天还是快跑，寒冬漫长"，但由于夏天的日照时间比日本长，所以长日照农作物生长得快。尤其是五六月播种荞麦，九月能开粉色系的花，是收获季节到来的信号。

收割燕麦时，是用两手撑着俄罗斯制造的大镰刀，在腰周围挥舞着收割。但是，杉目不能熟练运用，所以就用小镰刀帮忙。

哥萨克将荞麦脱壳后，和水放入金属罐中，然后再将其放入壁炉中加热，当听到罐内传来咕嘟咕嘟的声音时，热腾腾、黏糊糊的粥就做好了。粥和灰面包是哥萨克的主食。

哥萨克在自己的原木小屋周围建了菜园子。家畜要生存，所以要保证粮食的供应。有的家畜在草原放牧，猪和鸡一起被养在自家用地里。农耕用牛马。在这样的生活中，杉目边直接向哥萨克打听关于农耕方法的问题，边做笔记。

除了农业和畜牧业，为求食物，哥萨克也猎狍子。身为鹿科动物的狍子，体长约80厘米，就鹿科动物来说体型较小。在哈尔滨，一到冬天，集市上被猎杀的狍子就那么挂着。但是狍子的味道过于清淡，杉目认为并不好吃。

好吃的并不是肉,好像是内脏。

1941年12月,杉目和前来视察的关东军国境警备队长草野一起,和哥萨克乘坐马橇,到靠近苏满边境的吉拉林猎狍子。将两国隔开的阿尔干河结冰了,所以不知道哪里是国界线了。在周围一片纯白色的雪原中,哥萨克一枪打中了狍子。

猎物立马就被吃了。哥萨克手法熟练地剖开狍子的肚子,取出肝脏,放到类似于脸盆的容器里,在上面撒上盐,然后递给了杉目和草野。

"黄鼠狼捕到鸡的时候吃肝脏。我们也是在射到狍子的时候,先吃肝脏,然后就有精神了。"

哥萨克这么说,最好吃的首先应该招待客人。但以柔道四段扬名的草野在血淋林的肝脏面前害怕了,硕大的身体就那么靠在小屋的角落里,手都不伸一下。

不应该辜负哥萨克的好意,所以杉目用手抓住还滴着有温度的血的肝脏,屏住呼吸放入了口中。嚼起来是柔软的,味道和有血腥味的巧克力差不多。

见杉目吃了,哥萨克也将肝脏放入口中。两人的嘴周围都因狍子的血而鲜红。晚上,大家都在用狍子皮毛做的睡袋里睡觉。

杉目在一年时间里跟踪了哥萨克的生活。回到住地的时候,他被威尔伏尔加的阿塔曼称为"埃萨维尔·凯奥尔基·斯基麦"。据说是被"哥萨克的埃萨维尔"任命的。凯奥尔基是三四世纪左右传说中圣人的名字。这是杉目融入哥萨克部落,得到他们信任的证据。

那么,杉目的调查数据"阿尔干河沿岸俄罗斯人和中国人的混血情况"如何呢?

一直以来只是偏远地区的阿尔干河沿岸地区,在19世纪80年代被发现能够提取到优质沙金后,聚集了中国的山间劳动者和工人。移居到此的都是男人。要是女人,也仅限于被当作生意对象的妓女。但是,1917年俄国革命发生后,因逃避动乱,哥萨克女人们从外贝加尔地区渡过阿尔干河只身来到了东边。

对于中国工人来说,俄罗斯女人是心中的向往。

无论如何也要娶她们中的一位为妻。

他们浑身沾满汗水和油脂开采沙金,储存黄金。另一方面,哥萨克们在革命中失去了财产。与禁止和异教徒结婚的信仰伊斯兰教的鞑靼人不同,哥萨克是允许和其他民族的人结婚的,所以中国丈夫配俄罗斯妻子的家庭接连诞生。

他们的后代被称为二毛子。因为中国人称俄罗斯人为"毛子",所以混血二代就被那么叫了。

杉目在呼伦贝尔工作期间,看到很多二毛子。女性尤其漂亮,在海拉尔日本人经营的"沙龙阿尔山"咖啡馆,有褐色头发灰色瞳孔的二毛子女服务员,有很多日本人是为了看她们而来。

"欢迎光临!"

二毛子美少女们除了俄语、中文,还学习说日语,说话时透着可爱。

顺便说一下,从海拉尔坐卡车花整整一天时间,可以到达满洲最西端的日本人学校,有十几个学生。是警察署、特务机关、营林署的职员的孩子,其中也有蒙古人、中国人与日本人、俄罗斯人生的女学生。

那样的孩子正是"五族和谐"的象征——杉目每次来海拉尔都这么想。

对苏工作活动

在结束哥萨克的实地考察后,杉目和哈尔滨学院的第16期学生,低他一年级的学弟田中四郎一起,从1942年5月开始,着手"鄂伦春工作"任务。

鄂伦春是住在呼伦贝尔兴安岭的北方少数游牧民族。

兴安岭小山连绵。到处都被浓密的森林覆盖着,越过一座山后又会出现一座同样的山。可能是担心发生山地火灾吧,在连绵的山顶设有火的观望台。

住在"满洲国"的鄂伦春人约3100人。他们将圆锥形的木头搭在一起,用白桦的表皮和狍子的皮毛包裹起来,建成叫作"yurt"的小屋,在那儿以狩猎、采伐原木为生。北方通古斯族人的五官与日本人相近。他们生活在与苏联接壤的边境附近广阔的森林地区,"鄂伦春工作"的目的就是将他们培养成对苏作战的前线部队。因为拥有容易融入哥萨克和鞑靼人生活的性格和外语能力,杉木和田中很吃香。

哈尔滨特务机关着手"鄂伦春工作"是在1934年左右。

关东军的对苏防卫的据点设在海拉尔,发出谋略任务和谍报活动指令的是哈尔滨特务机关,该机关如此评价鄂伦春:

①清朝初期的皇帝,面对当时俄罗斯帝国的入侵,屡屡起用骁勇善战的鄂伦春人,然后取得胜利。

②完全掌控呼伦贝尔的兴安岭在对苏战略上是重要的。

③鄂伦春人住在文明未开化的兴安岭深处，擅长狩猎。灵活运用这个特性，可以为谋略部队使用。

呼伦贝尔生活着约600鄂伦春人。他们分布在六个居住地，由15岁以上的男子组成部队，日本将校指挥各部队，通过激烈训练将他们培养成突击部队。杉目和田中的任务并不是负责实际的军事训练，而是保障对鄂伦春部队物资的顺利供给，但是，关于射击，日本军人是没什么可教给他们的。鄂伦春人虽然体型不大，但从儿时就开始训练射击，所以个个都是神枪手。他们常常背着枪和枪架移动，一发现猎物，立马竖起枪架，瞄准猎物。如果树枝上有松鼠群，有人能一枪射中多只。有个鄂伦春人得意地说："如果目标是狼，因为想要皮毛而不能留下子弹的痕迹，子弹可以从肛门射入狼口射出。"

更让杉目和田中惊讶的是，即使在山里，鄂伦春人也能利用马蹄在树根上踩出的路来疾驰，丘陵地区也是，简直如履平地一般，轻快奔跑。

日本将校给鄂伦春人重武器，反复让他们模拟演练夜间攻击、爆破操作、渡河战斗等对苏游击战。鄂伦春人对严格的训练并没有提出异议，默默地完成训练。鄂伦春工作人员坚信他们可以成为优秀的突击部队。

鄂伦春人单纯地相信日本将校所说的话："共产主义者将鄂伦春的狩猎生活视为'落后文化'，会强制你们舍弃的。苏联是危险的存在。"杉目和田中与鄂伦春人一起进入山林的话，鄂伦春女人会将驯鹿的奶倒进白桦树皮做的容器中给他们喝。

但是，杉目并没有像一直以来对待哥萨克和鞑靼人那样，与鄂伦春人推心置腹地相处。因为与之前的任务不同，这次是要调查当地人的实际状况。换句话说就是，"外国人部队，即雇佣兵"的培养。走进对方内心的话是无法完成任务的。杉目、田中与鄂伦春人的关系是严格的主从关系。

在从事北满边境的"鄂伦春工作"的五个月前，在太平洋，日本对夏威夷的珍珠港发动了突然袭击，打响了对美作战的第一枪。

1941年12月8日，为了运送前线日本人的邮件等物品，杉目从兴安岭北部坐马橇前往海拉尔，气温是零下52℃。他在国境监视所转了几个地方，但在中午左右到达一个叫达姆斯恩斯克的监视所时，听到了来自海拉尔的报告："今天早晨，日美开战了，日军已经取得了战果。"来自日本机动部队的350架战斗机，发动突然袭击，基本全歼美国太平洋舰队的战舰群。杉目自己领唱，祈祷日军的武运长久、山呼万岁。他们的欢呼声，在小雪笼罩的大地上回响。

敌人在关东军内

1942年10月，在"新京"召开"少数民族工作"主任会议。生活在山里的杉目和田中难得来到城市。他们前往首都心情愉快，从海拉尔到"新京"，坐整整一天的长途火车也完全不觉得辛苦。

"满洲国国务院"上面顶着天守阁，是融合日本城市风格和西洋风格，拥有威严感的建筑物。军靴踩在走廊上发出嘎吱嘎吱的声音，两人一进会议室，发现已经有十名左右来自其他省的主任到了。

他们是分别给当地的少数民族实施军事训练的人。出席者都汇报说:"我们的工作很顺利。"那口气就像是,即便马上发生战争也没问题。杉目的鄂伦春报告虽然也大致相似。但是比起会议上的各种报告,他更注意到了主持会议的岸谷隆一郎。

岸谷是哈尔滨学院的第 1 期学生,是杉目的前辈。当时的岸谷任主管"满洲国"地方行政的"地方处"处长一职。体格健壮,带着黑色玳瑁边框眼镜的脸看起来温和,眼光却很锐利。他默默地听着报告,不知怎的,好像感觉很无聊。

会议后,岸谷径直朝杉目和田中走来,"附近有一家不错的荞麦店,一起去怎么样?"

二人一副感激和紧张的神色跟在岸谷身后,穿过岸谷说到的店里的帘子。

岸谷说话的腔调,与粗犷的体型形成对比,稳重平静。一边吸食着荞麦面,一边用津轻口音讲着,他任通化省警务厅长时期参加扫荡中国东北抗日联军的金日成等人的事情。

"当高粱秆长得比人还高的夏天一到,那些家伙就嚣张了。即使我们追,他们也和马一齐藏到高粱地里去了,真是费劲呀。"

岸谷对于归顺的土匪,给以与以前同等的地位,和他的部下没有差别。那么做是想要他们有忠心。然后让他们再去讨伐土匪。原来的抗日军,去和现在的抗日军对抗,一行知一行——过去的土匪知道现在土匪的做法,过去的抗日军了解现在抗日军的做法。用这种战术,率领抗日军的金日成,被岸谷带领的"满洲国"警察赶到了苏联。

但是,岸谷并没有想要炫耀曾经的战斗经历的想法。他的脸上有时还会浮现痛苦的表情。

在中国，1927年南京国民政府成立，第二年蒋介石担任主席。曾在日本的士官学校留学的蒋介石，为了统一全中国，开始讨伐在中国东北三省，也就是后来的"满洲国"地区恣意妄为的军阀，但也警惕对该地区加强统治的关东军的动向。他将在东北三省拥有最大势力的张学良拉拢到自己那边，增强了与日本对立的态度。张学良对国民党政府起誓效忠，在东北三省挂起了国民政府的青天白日满地红旗。之后各地的抗日运动愈演愈烈。

1934年3月，在依兰县，中国农民向来自日本的"开拓团"发动起义，发生了土龙山事件。"满洲国"警察虽然用武力进行镇压，但农民们以此为契机组成游击队参加到了抗日运动中去。日本人的移民村被防御墙包围起来，设置了重武器。

为解决日本贫困农民窘境而成立的满蒙"开拓团"，把中国农民赶了出去。有时候岸谷在想，暴动不是自己造成的吗？

他常常身穿中国衣服，努力想要融入当地生活。而另一边自己的任务是扫荡抗日军，他在两者之间感到矛盾。在之后担任热河省次长时期，农民为抗议被夺去土地而被关进监狱，岸谷曾和关东军谈判，要求释放他们。为了让他们归顺"满洲国"，要给他们土地，让他们定居。这是他得出的结论。

中日战争陷入困境。

1937年7月，在北平郊外的卢沟桥附近日军和中国军队发生了冲突，对于此次卢沟桥事变，虽然日本政府采取了战争不扩大的方针，但在军部，赞成强硬论"给予一击的话，中国很容易就会屈服"的人占大多数，因此同年8月，两军在上海发生了冲突。中日战争开始了。

当时，参谋总部作战部部长石原莞尔反对中日战争。

"我们在国防上最应该关注的是，对苏联的防备。对中国用兵真是无稽之谈。我在有生之年是不会对中国出动一兵一卒的。"

这是在卢沟桥事变发生前大约一个月，被邀请参加外务省干部会的石原的话。

实行完满洲计划，回国后的石原开始研究苏联的计划经济，对该国在五年计划的最初四年里，重工业增长了原来的2.6倍，感到惊讶，要是那样的话，他计划实行满洲产业开发五年计划。为让满洲成为近代重工业国家，将铁、煤炭、铅、电力、农产品、畜产品的生产提高2~5倍，完善铁路、道路、港口等运输物流基础设施建设，将五百万的日本人移居到这里，所需经费是287600万日元，超过年预算24亿日元。作为实行此项目的组织，日本将日本产业株式会社改组为满洲重工业开发株式会社，交给日产康采恩的鲇川义介经营。

在军事技术飞速发展的现代战争中，歼灭战是必然趋势。最终东亚会成为一体，不得不和苏联，然后是美国开战——石原展开了独特的最终战争论。

日本如今处于需要储存国力的重要时期，因此和中国的战争只有负面影响。"满洲产业开发五年计划"和向满洲"20年百万户移居计划"是应该首先推进的事。

但是，日军占领了南京。随后，将战线扩大到徐州、武汉、广东。卢沟桥事变后，日本的报纸杂志迎合军部，赞成政府的强硬态度，完全看不到对战争提出质疑的评论和意见。从1938年开始，日军对国民政府的新都重庆，进行了反复轰炸。

日本人有优势将"满洲国"建立为一个独立的国家，石原主张有必要清楚这种趋势。但是,他没有远虑的言行刺激了参谋长东条英机,第二年他被罢免了副参谋长的职务,调到京都担任舞鹤要塞司令官。1941年3月被编入预备役,石原退出了一线。

日本低估了中国的抗日运动。战争爆发的同时,之前一直对立的国民党和共产党实现了合作(第二次国共合作),形成了抗日民族统一战线。

"苦力回来了,于是成为了抗日的伙伴。"

这是哈尔滨学院第15期学生有贺淡水即有贺乙男的俳句。1937年,哈尔滨学院的学生们组成了文学小组"黑水会"。黑水是阿穆尔河(黑龙江)——中国"黑龙江"的别名。为了在寄宿的房间里谈论文学和人生,"黑水会"的俳句爱好者在漫长的冬季发行了杂志《鞑靼》,但是该杂志收到了全满洲寄来的作品。之前那句是在"黑水会"成立三年后,有贺在中日战争愈演愈烈的情况下创作的作品。

在"新京"的荞麦店,岸谷对两个后辈粗略地讲了自己的回忆后,嘟囔了这么一句:"因为我们也不得不和关东军一齐战斗啊……"

杉目和田中都怀疑自己的耳朵。但是,他们并没有听错。因为岸谷又说了一遍同样的话:"和关东军一齐战斗。"

身为"满洲国"的政府高官为什么要说那样的话呢?

两人在哈尔滨学院的前辈面前交换了一下困惑的眼神,杉目和田中推测不出对自己工作立场为难的岸谷的内心。

苏德开战

在杉目和田中与岸谷见面的前一年,1941年6月22日,日本的同盟国德国进攻了苏联。这次军事行动违背了一年零十个月前签订的《苏德互不侵犯条约》。在苏德战争的开始,德国势如破竹一路向东进军。那势头就好像莫斯科沦陷也只是时间的问题。

收到柏林的驻德大使馆发来的电报后,日本政府内,关于今后的对策出现了两种意见:日本也进攻苏联,重创该国的北进论和苏联就交给德国,应优先确保东南亚资源的南进论。

以日本妨碍美国的对中贸易为由,美国在1939年7月宣布废除《日美通商航海条约》。战略物资大量依靠美国的日本,借机向泰国、法国所属的印度支那、荷兰所属的东印度扩大统治权,获取资源,践行其大东亚"共荣圈"的构想。这是在效仿纳粹德国将包括苏联东部在内的东欧地区称为"生存圈"的做法。

但是当时的外相松冈洋右是强硬的北进论者。

如果向南方进军,就会与英美冲突,将美国拉入欧洲战线。那样的话,就会对德国不利,苏联就会幸存。结果就是日德的失败。如此考虑的松冈的主张是:"先攻击苏联,让希特勒获胜。然后也可以再向南扩张。"

担任过满铁总裁的松冈,可以说是看清了苏联的实力。但之后,他的外交缺乏一贯性。

1941年4月,就是德国进攻苏联的前两个月,松冈访问了莫斯科,与苏联的莫洛托夫签订了《日苏中立条约》。围绕东南亚的权益,在与英美关系日益恶劣的情况下,在"满洲国"境挑起战争是轻率的,松冈是出于这样的考量而转变了方向。但是,在从莫斯科出发前,他和斯大林拥抱的表现,惹怒了认为与苏联战争不可避免的德国元首希特勒。因为松冈在访问莫斯科前,与希特勒在柏林进行了会谈。

这成了报复德国的形式。

希特勒自己也在1939年,关东军在诺门坎遭到苏军毁灭性打击后,与斯大林签订了《苏德互不侵犯条约》。得知这个消息后的平沼骐一郎首相在丢下一句"欧洲情况奇怪复杂"后辞职。因为日德加上意大利,三个轴心国缔结了日德意《反共协定》(1937年),所以德国的行为违反了协定。虽然日本作为同盟国应该强烈批判,但是松冈在1940年将轴心国间的日德意《反共协定》发展为日德意军事同盟。他脑子里的想法是,日德意再加上苏联形成同盟,对抗英国人。

离开莫斯科的松冈前往满洲里,在车站的贵宾室里对记者团这样说:

"就在今天离开苏联国境,在这个苏满边境的城镇下车的瞬间,如果要说一句对苏联的感想的话,就是如今的苏联与我八年前前往日内瓦的途中看过一眼的苏联相比,不得不承认恍如隔世。"

松冈说,八年前苏联闹大饥荒,国民都是一副灰暗的表情,但是现在无论是莫斯科,还是列宁格勒,大家都满面喜色。八年前,1933年2月24日,在国联总会上,包括否认"满洲国"在内的对日劝告案,以42比1的压倒性票数获得了通过,松冈当场表示退出国联,从座位上站了起来。

通过松冈奴颜婢膝的行为两国缔结了《日苏中立条约》。在日本政府内,本来松冈所反对的南进论者就占大多数。看现在德国的趋势的话,苏联会失败吧。所以维持与德国的同盟国关系也不要紧,日本就将注意力放在亚洲吧。对战况持乐观态度后,松冈也开始支持南进论。

另一方面，苏联没有看清日本的动向。关东军因从日本和中国调遣兵力，从过去的14个师团扩大到24个师团，马14万匹，飞机600架。

日本的意图在哪呢？

就在这时，理查德·佐尔格从东京给莫斯科发去了"日本不会北进"的密函。佐尔格以德国报纸《法兰克福日报》的东京特派员的身份，频繁出入政权中枢和驻日德国大使馆。实际上他是共产国际的谍报员。他得到《朝日新闻》记者、满铁调查部特约人员、日本最优秀的中国专家尾崎秀妹的帮助，收集了日本政府核心的情报。因其情报量大和分析准确，斯大林得知他自己最害怕的日德从东西方的攻击。

佐尔格的谍报活动，经过特别高等警察的调查，在1941年10月失败了，佐尔格、尾崎等被逮捕（两人在1944年被施以绞刑）。在那一年，也发生了满铁调查部人员一齐被逮捕事件。满铁调查部人员认为马克思主义就是，将以马克思的《资本论》为基础的政治经济学手段运用到经济调查中，以此来修正资本主义制度。之后，满铁调查部的调查能力减弱。

岸谷隆一郎视关东军的高级将校为"拿着武器的官员"。他们每几年轮换一次职位，然后获得成功。令他们费神的地方是，如何在任职的地方不犯错误，所以无论如何也是陷进消极主义里去了。日本的对苏外交过于即兴，连本应该十分清楚苏联不好惹的关东军，也被本国政府迷失的外交方针任意摆布。被这样的官僚军人玩弄于股掌之间的是"皇帝"溥仪。究竟，谁应该为"满洲国"

的管理负责呢？

满洲不是能让日本贫穷的农民过上富裕生活的新天地吗？正因为如此，日本才完成了移民计划。但是满洲的旷野并不都能开垦成沃野，它的三分之一是森林、沼泽、山地。日本"开拓团"要做的是拼命开垦到处都是小石子的荒地，还要将当地的中国人和朝鲜人赶出去。

在满洲的各城市，通过满铁的工程，不属于西欧的基础设施正在被建设，现代的生活方式正在确立。但是，在那里，只有军人和高级官僚用着日本的税金，过着奢侈的生活而已。满洲与日本国内存在很大的差距。

从日本和"满洲国"之间的贸易来看，在"满洲国"诞生之前的20世纪20年代末，日本从满洲进口豆饼、大豆、煤炭，向满洲主要出口棉布、小麦粉、机械，日本的进口大于出口。但是在"满洲国"成立以后，在来自日本的各类机械、纺织品、金属制品的出口急剧增加的同时，进口一直停留在微增的水平，情况逆转为日方的贸易黑字。

在满蒙也没发现石油，哪儿是日本的生命线？如同数字所显示的那样，它的存在甚至是在扯日本经济的后腿。

继续迷失的外交

在欧洲战场上，1941年12月，相较于一直以来持续迅速进攻的德国，一直保持防御的守护莫斯科的苏军开始了反击。

另一方面，日本在突然袭击珍珠港前，进驻了马来半岛。在那儿，与法属印度政府签署了军事协定。在马来亚海战中，日军击沉了英国海军的主力战舰"威尔士王子"号,同时登上了关岛和菲律宾的吕宋岛。

1942年1月,日军占领了马尼拉。之后,向新加坡、爪哇、仰光进军。

在日本政府选择了南进,国民沉浸在战争初期战果的这一年,日本在法属领地西贡设立了南洋学院。该学院由外务省和文部省共同管理运营的南洋协会管理,是专门教授越南语和法语的高等教育机构。在既是法国殖民地又是南亚中心城市的西贡,怀着跃跃欲试心情的年轻人,作为公费留学生,漂洋过海来到了提倡学习国际化视野和知识的南洋学院。因为西贡是热带气候,所以南洋学院也有午睡。虽然它是与哈尔滨学院和东亚同文书院趣味不同的学校,但学生也要对当地农业进行实地调查——访问农家,询问、调查种植品种、收获量、佃耕条件、家族成员、生活费等。但是南洋学院的学生也没有上够三年的学,他们也是因为开始征兵而提前毕业。

就是在南洋学院设立的那年6月4—7日,日本的联合舰队在夏威夷西北部的中途岛海战中丧失了四艘航母,第一次尝到了失败的味道。8月,美国登陆瓜达尔卡纳尔岛歼灭日军一部分军队,其余军队撤退了。即使在西太平洋的特鲁克群岛,日军也受到了美军的激烈攻击,最后不得不撤退。驶向本国的日本运输船,悉数被美军击沉,该岛剩下五万日军士兵。之后,美军以塞班和关岛为目标,使日军在拉包尔陷入孤立。此时,日本的东南方面军的损失是:士兵13万人,飞机8000架。

然后,在第二年1月极寒的斯大林格勒,在与苏联的攻防战中德军失败,撤退,投降。这成为了左右欧洲战场命运的战役。

太平洋战争开始没多久,满洲的物资统管情况也变得严峻。配给减少的石油仅限于用在农耕上,晚上不点灯,人们过上了点蜡烛的生活。在"满洲国",没有多余的资金投入到对苏工作中,关东军的 25 万士兵(12 个师团)为了与英美军战斗,被抽调到了南方。

1944 年 7 月,关东军参谋总部确立的方针是:"如果苏联开始军事进攻,日军即放弃兵力薄弱的北满,在南满设置防线。"参谋总部从"新京"撤退到南满洲的通化,想要通过在那的最后的抗争,守护朝鲜半岛以及日本本土。日军应该已经做好准备要放弃"满洲国"四分之三的领土。但是,如果让苏联发现这一点的话就麻烦了。在边境仍在继续开垦的移民就不用说了,连前线的下级士兵,也不知道这个方针。现如今,日本政府正在积极宣传移居到"大陆日本"。军部的参谋们已经将民间的日本人看作是已经舍弃的棋子。

从"新京"返回呼伦贝尔,继续进行军事训练的杉目和田中,在 1944 年 2 月,被命令加入海拉尔的关东军部队。

杉目在那七个月之后的 9 月,从海拉尔的部队加入熊本教育队,给长达 28 年的满洲生活、七年的呼伦贝尔工作画上了句号。一直以来共同在边境生活的妻子洋子的身体垮掉了,住进了丰田的医科大学医院。出院后,在娘家所在的哈尔滨同父母一同居住。

苏军的最高司令官开始制订突破苏满边境计划的 1945 年 2 月初,在苏联乌克兰地区的黑海沿岸的疗养地雅尔塔,美英苏三国召开了会议。美国罗斯福总统委托斯大林参加对日作战,斯大林同意德国投降后,三个月内投入对日作战。他确定此番出战是对日俄战争和日本出兵西伯利亚的报复,作为参战的条件,苏联要求战后"将南萨哈林和千岛群岛割让给苏联"。除此之外,罗斯福默许了

"承认苏联在大连港的利益,将其国际化""恢复旅顺港作为苏联海军基地的租借权""中苏设立公司共同经营合办中东铁路"等。于是,斯大林应尽早令德国投降,他命令莫斯科的参谋总部将兵力集结到东方。雅尔塔密约的内容是由驻瑞典的陆军武官小野寺用电报发给日本的。但是,外务省认为这是不可能的,无视了此信息。

五个月后的 7 月 17 日,在柏林的南方城镇波茨坦,美国总统杜鲁门、英国首相丘吉尔、苏联总书记斯大林带领自己国家的代表团,聚集在威廉二世的别墅西席林霍夫宫。罗斯福总统已经去世,那之后丘吉尔在国内选举中失败、下台。

三国会谈的主题是占领德国的政策。虽然苏联自己参加对日作战也处在舆论的风口浪尖,但此时与雅尔塔会议不同。英美和苏联围绕对战后日德的影响力,拉开了拉锯战的序幕。与罗斯福不同,意志坚定的反共产主义者美国总统杜鲁门,对斯大林抱有强烈的不信任感。

在波茨坦会议进行的过程中,美国代表团收到了本国传来的,一直极其秘密进行的原子弹爆炸试验成功的消息。

如果有了新型炸弹,就不需要借助苏联的力量了——美国在没有与苏联协商的情况下,与英国、中国共同,在 7 月 26 日对日本发出了要求其无条件投降的宣言。对此,斯大林流露出了不悦。因为他想要早日完成对日作战,夺回萨哈林和千岛群岛。

日本对《波茨坦宣言》置之不理,认为其保障不了本国国体,为了在战败后与英美谈判时占有优势,日本竟然请求苏联在其中周旋。雅尔塔会议后,苏联通告日本,不再延长《日苏中立条约》,苏联开始向远东输送兵力。苏联的报纸加强了指责日本的论调。

如果稍微考虑一下之前小野寺发来的电报的话，日本政府应该就不会犯这样的错误了吧。

8月8日，驻苏大使佐藤尚武，终于在几次申请后与苏联的莫洛托夫外相进行了面谈。终于可以听到苏方对和平调解要求的答复了——这是佐藤的最后的希望。

日本提出的条件是：让满洲中立；太平洋战争后，日军从满洲撤军；苏联提供石油，而作为交换条件，日本将把日俄战争后获得的渔业权归还苏联等。对日本来说，这可能是最大限度的让步，但是雅尔塔会议所保障的对苏联的有利条件，是与这些不能相提并论的。所以，苏联是不可能点头的。佐藤在等待决定国家命运的时刻，但是莫洛托夫给他的文件是对日宣战公告。

"日本作为德国同盟国帮助其完成对苏作战，并且与苏联同盟国英美处于交战状态。在如此状况下，本条约丧失了意义，不可能再延续了。"苏联方面说。

关于日本所期待的和平调解，他们的回答是："由于日本拒绝了《波茨坦宣言》，苏联也就没有和平调解的理由了。"

日本委托苏联担任调解角色，是在波茨坦会谈前。而且，苏联并没有正式宣布加入《波茨坦宣言》，所以苏联的宣战公告是违法的。佐藤虽然抗议了，但是莫洛托夫完全不想听。佐藤拿着文件的手在微微发抖。

三个月前，从战败后的柏林途经莫斯科换乘西伯利亚铁路和中东铁路后来到哈尔滨学院的第6期学生成田精雄，已经确信"苏联会参加对日作战"。从莫斯科到中东铁路的换乘站外贝加尔站的几天时间，成田看到装满飞机零部件和武器的货物列车在向东行驶。

他虽然不知道《雅尔塔协定》的存在,但也认为让苏联帮忙调解不容易。因为在苏德战争末期,他就感受到了苏联和英美之间将要合作的气氛。

苏联提出日本将领土的一部分割让给苏联,或是日本变为社会主义国家之类的条件,是没有道理的。作为柏林的满洲欧洲事务所所长,成田用战胜国的理论冷静分析了变动中的国际形势。

苏联破坏《日苏中立条约》的第二天,1945年8月9日,在长崎落下了特殊的炸弹。与三天前在广岛投下的相同,它是拥有巨大杀伤力的炸弹。

轰炸机搭载着原子弹从黎明中的提尼安岛起飞,被称为"box-car"的目标原本是小仓,但是那天小仓的上空被云层覆盖,所以轰炸机就飞向了在云层缝隙中出现的第二个目标,长崎的浦上天主堂的上空。

美军司令部以东京大空袭为开端,从1945年年初开始,将日本60多个城市化为了火海。但是普通的炸弹没有落在广岛、长崎、小仓。因为,如果不是在未受灾城市,就无法正确估量新型大规模破坏武器的效果。在苏联对日宣战的情况下,美国要想维持其对战后日本的影响力,需要更早地结束战争。

苏军进攻

因担心日本会提前投降,所以苏联比预定时间提前两天对满洲发起了攻击。在苏满边境,包括后方部队在内,苏联出动官兵1577225名,大炮和迫击炮26137门,战车、装甲车、自行火炮5556

135

辆,战斗机、轰炸机3446架,蓄势待发。

8月9日,苏满边境在西边的呼伦贝尔、北边的阿穆尔河(黑龙江)、东边的乌苏里江三个方向,被苏军突破了。处在乌苏里江沿岸的关东军虎头要塞,被对岸苏联远东第一方面军的重炮齐射。连国境守备队长都没有的部队瞬间瓦解了。

从熊本经过三次变动的杉目,冷静地接受了苏军进攻满洲的消息。苏联是不可能在英美和日本之间进行调解的。实际上在苏满边境工作过的他看此事,也是理所当然的。

杉目同白俄罗斯的哥萨克们一起吃住的时候,和从日本来出差的荒川、濑崎、荒谷三个高级官员,去过阿尔干河视察。

他们乘坐长五米,宽一米的木船顺流而下。船上有手摇的船桨,约三米高的桅杆上挂着用墨写的"阿尔干号"的帆。

阿尔干河是将呼伦贝尔地区的满洲和苏联隔开的国界线。如果将河流作为国界,国界线基本上定在河水最深的地方,但是定期航行的蒸汽船,常常Z字形绕开将两岸等间隔开的标志。

定期船以外的小船沿本国沿岸航行是惯例。但是,其中一个出差的人濑崎参事说:"自诺门坎事件以后,日本与苏联之间缔结了停战协定。两国关系稳定,所以堂堂正正在河中央行驶不好吗?"

杉目想起,1939年春天发生诺门坎事件的时候,笼罩在对苏前线的海拉尔的紧张感。在那次战斗中,关东军应该见识到了苏联现代化武器的压倒性威力。本国的官员到如今还不正视那个事实。

同行的荒谷参事说:"还是算了吧。"濑崎语气粗暴地说:"正因为这样才会被苏联小看。你们有什么可顾虑的?"

被濑崎强行要求,小船向河流的中央靠近。

苏联一侧有一段连绵的峭壁,但是一经过那段,在河岸就出现两个架着枪站着的苏联士兵。

"停下,到这边来!"

一个士兵吼道,声音中充满了愤怒。他们可能是将穿过河中央的小船当作敌军的侦察部队了。杉目用不带挑衅意味的俄语说道:"刚才是被风吹过来的。现在我们返回满洲那边。"

说完,抓起了船桨。

在那瞬间,苏联士兵开枪了。四人急忙跳入河中。将船作为挡箭牌,向满洲那边的河岸游去。但是,毛衣和马裤吸水,他们的身体一直被往河底拽。在那瞬间,子弹也嗖嗖地从耳边掠过。

终于在"满洲国"那边上岸,四人躲进了草丛里。他们以为没事刚松了一口气,杉目的左肩感到像被竹剑打了一样疼,是中弹了。对岸的苏军还将枪口对准这边,他们不能冒失地采取行动了。

四人中,濑崎佝偻着身子,离开河岸向上游方向跑去,上了经过这里的定期航行的蒸汽船,他想要杉目他们也坐上来。那时,荒川和荒谷在草丛里一言不发。

所幸俄方没有再接着射击,杉目被抬进濑崎所乘的蒸汽船,保住一命,但是他知道那时苏满边境有不寻常的事发生。

回想着在呼伦贝尔的各种事情,杉目认为:"苏联并不是突然进攻满洲的,而那一天终究来了。"

跨越边境的苏军继续西进。

为什么没有自己军队的战斗机掩护呢?前线的士兵在战斗中几次仰望天空。关东军精锐部队中的12个师团(25万人)被抽调到了战况恶化的南方和太平洋各岛。

哈尔滨学院第7期学生浅香勇吉,在那之前的三个月,在北满的对苏边境附近的嫩江,进行军用铁路的拆除工作。国际运输总公司设在"新京",浅香是嫩江工作所所长,由于此工作是为了防止敌人入侵,所以他怎么也不会想到,曾经夸下海口"死守嫩江"的关东军司令部已经不在了。

基本上是赤手空拳被送到对苏边境的哈尔滨学院学生,完全不知道关东军的撤退作战。在满洲东部的牡丹江,哈尔滨学院的第24期学生尾山隆、平本稔、向井瑛、神崎三光等抱着炸弹冲进苏军的战车,结果战死了。

被分配到东边支援部队,同样是第24期学生的深泽元文,在行军过程中也抑制不住愤怒。因为,他完全不知道自己所属的部队是在哪个师团的指挥下,是要去哪儿。而且部队运送的武器只是四门山炮和四门内径37mm的速射炮。山炮内径是65mm,还是1908年产的旧式炮。

要用这种摆放在博物馆的东西,与敌人的共计30吨的战车战斗吗?我们国家的领导人是在认真考虑战争吗?

在深泽的部队到达牡丹江那天的半夜,下起了暴雨。深泽和其他人都满身是泥,像圆木那样睡了过去。

第二天,雨停了。深泽他们正挖用于对付战车的沟壕时,苏联的小型战斗机从低空飞过,机枪扫射,降下了枪林弹雨。在此过程中中队长死了。深泽下半身埋在土里,被同伴救了出来。因为受伤的身体无法移动,所以深泽就在沟壕附近躺了整整一天。视线里的天空和前一天完全不同,晴空万里。

"天气不错呀。"

这是深泽在不经意间说出口的话。由于大陆8月的空气比日本本土干燥,所以比较好过。就那样躺着自言自语,一直以来的愤怒化为无力的笑声从口中释放出去。

完全丧失战斗欲望的深泽等士兵,开始在饭盒里煮带来的一点米。他们的表情就像是来郊游一样。

昨天的朋友

陈巴尔虎旗的国境警察队队长竹内良知从海拉尔特务机关收到苏军进攻的消息是在1945年8月9日的凌晨四点。

竹内先让士兵和"开拓团"的妇女儿童乘上马车,向着一个叫特尼的俄罗斯部落出发。然后,他自己和中国、蒙古、白俄罗斯的工作人员,在那晚乘着马车离开了陈巴尔虎旗。途中,各地"开拓团"的人也和竹内他们会合了。

那时,竹内是这样认为当时的情况的:

①关东军将兴安岭作为第一道防线,正在修建要塞。因此兴安岭以东是安全的。

②海拉尔的特务机关为备不时之需进行武装训练的土著民鄂伦春会向山中引导我们。

③苏军不可能会追到人迹罕至的兴安岭山区。

但是,这些都过于乐观了。

本应该守护他们的关东军主力部队已经不在了。鄂伦春工作中途受阻。接着,竹内他们的身后,响起了苏军的炮声。

聚集到特尼的250人中,有88个日本人。于是,竹内对日本人和朝鲜人以外的100多名员工说,没必要和日本人同行了。因为在一起的话,丢掉性命的危险性就会增加。

留在这里(特尼)的白俄罗斯人与申请想要和部队分开行动的中国人和朝鲜人举起了手。

88名日本人和十几名朝鲜人,还有几名白俄罗斯人,远远望着被火焰染成红色的海拉尔城镇,向着兴安岭走去。由于朝鲜人"同样是大日本帝国的臣民",所以没有给他们离开部队的选择。

一行人进入了兴安岭。从这里开始鄂伦春人会把我们带到安全的地方吧。虽说特务机关的特殊工作在中途被打断了,但是军事纪律和射击训练,以及对苏联的敌对心,应该在他们的心中生根发芽。竹内是这么期待的。

但是,鄂伦春游击队,没有对苏军展开游击战争,反将枪口朝向了本应是友军的日军。

于是,日本人尽快离开了那地。在山中烧火、用枪指着鄂伦春人、捕猎狍子,这些一概不被允许。

苏联最终进行军事进攻的时候,关东军司令部已经撤退。那就相当于放弃了鄂伦春工作。

海拉尔工作的负责人铃木瑞穗中尉,与妻子和幼小的儿子同鄂伦春人一起生活。杉目升好几次去山中拜访他们,在主从关系严格的工作人员中,这是十分少见的。铃木扎根在那片土地上。

但是,关东军司令部没有将撤退到通化的方针传达给铃木。已经准备好对苏作战的铃木,在8月9日苏联进攻时,收到了海拉尔特务机关发来的离开工作据点的命令。抛下一直以来的鄂伦春工作的铃木,在从一个叫乌尔吉汗的兴安岭山地下来的途中,因苏军的攻击,和家人一齐死了。

呼伦贝尔的鄂伦春人只有六百人。他们即使向苏军发起游击战也必定是失败。结果还可能威胁到民族的存亡。所以,他们在开战的同时就倒向了苏方。

竹内一行人蹒跚着穿过鄂伦春人横握着的猎枪。日本人在兴安岭已经是不速之客了。所以,竹内他们必须靠自己的力量翻过山脉。途中,他们不知有几次看到,成群的乌鸦落在穿着日本军服的尸体上。

也有白俄罗斯人拿着食物,给在呼伦贝尔败退下来的士兵。在杉目几次路过的威尔伏尔加,村民们送给日本部队牛奶和黑面包,妇女们将士兵军服的破口缝好。白俄罗斯人在日本战败残兵的身上,可能看到了自己曾被革命追得无路可逃的祖辈们的影子。但在日本兵走后,他们就归顺了苏联。

竹内他们行进在山中走也走不完的湿地中,他们看到了在西侧山顶飘扬的红旗,在那下面有他们熟悉的人。聚集在苏联旗下的是白俄罗斯部队,统称"帕什科夫"队。曾经是伙伴的他们倒戈,投靠了苏联一边,然后开始对竹内的部队展开攻击。

对准妻儿的枪口

竹内他们将妻子和孩子转移到队伍的末端,然后分成三股进行反击。但是,我方的士兵一个接一个地倒下。不久,苏军的扬声器传来了奇怪语调的日语。

"日本的各位，日本战败了。日本天皇在前天宣布无条件投降了。停止无谓的抵抗吧。我们会保证你们的生命安全的,放下武器投降吧。我们准备了食物和衣服,负责保护你们。但是,如果你们要抵抗到底的话,只有死路一条。给你们一个小时,好好考虑考虑吧。"

"日本战败了"也好,"投降就会保住性命"也好,竹内认为都是谎话,一定是想让他们丧失战斗意志的计谋。

那天是1945年8月17日。苏军所说的日本无条件投降是真的。同样的内容用朝鲜语、中文、蒙古语、俄语重复几遍后,竹内部队的几个非日本人举手投降了。

竹内他们守在山里采伐小屋那样的木屋里,应战苏联。

"我们知道,我们已是瓮中之鳖。我们被完全包围了。即使成功逃出去也会被追击。现在要想办法与敌人打游击,即便是一个人也要放倒多个敌人,然后再全体自杀。只能这样了。"

那天深夜,竹内对围坐在一起的部队干部这样说。然后说:"为了无悔地战斗,重伤、元气大伤的人,还有十岁以下的孩子先一步去死吧。"

孩子,日本22名、朝鲜2名、白俄罗斯1名,共计25名。没有一个人向干部提出异议。竹内对和大家一同沉默的白俄罗斯警察伊娃诺夫说:"并没有强迫你的意思。"那天晚上,伊娃诺夫带着妻子和孩子,离开了部队。

第二天,大人们把仅剩的一点砂糖全部分给了孩子们。不知道大人们苦恼的孩子们,兴奋地舔着盛在手掌上的白糖。然后大人们给了他们所谓的药,就是氰化钾的粉末。孩子们虽然犹豫了一下,但是听说可以随心所欲地喝水,就将白色粉末倒入了喉咙。

大人们表情僵硬，注视着孩子们的样子。但是，过了20分钟后什么反应也没有。

氰化钾不行。

竹内拔出挂在腰间的手枪。瞬间，周围男人们的脸上就失去了血色。

"自己要是不做表率的话……"如此考虑的竹内将枪口对准了自己才三岁的女儿，扣动了扳机。之后，接连响起枪声。头部受到枪击的孩子一个个倒下。一个叫岩渕和夫的少年吼道："爸爸，别开枪，我不想死！"他紧紧抱住父亲拿着手枪的胳膊。父亲甩开儿子的胳膊，朝着跌倒在地的儿子的头射出了子弹。

接下来是可怕的沉默。一会儿，大人们将24具尸体朝北并排放置。将孩子们的双手放在胸前合上。随后，在兴安岭的山里，回荡着哭喊自己孩子名字的母亲的声音。当时，母亲们视线飘忽、瘫软在地无法动弹，父亲们始终一言不发。

待在大兴安岭的山中两天后，8月19日，趁着苏联停止了攻击，65个大人再次开始转移。因为他们失去了自杀的机会。

在转移的途中，怀有九个多月身孕的竹内的妻子，喜佐子生下了女儿。竹内也对新生儿开了枪。生产中，因失血过多而站不起来的喜佐子说："我也去死吧。"竹内又击毙了妻子。

8月29日，部队在到达兴安岭的山顶后，从左侧斜坡下去，坐着竹筏顺大河而下。然后，好不容易到达了日本人"开拓团"的部落。在那儿，竹内得知苏军广播的内容并非谎话。

"怎么会有那么荒唐的事情。你是奸细吧，这个卖国奴！"

竹内对告知他战败消息的士兵发狂似的逼问道。但是，这个士兵没再多说什么,竹内抓着他的衣襟,跪在了那里。

9月19日晚上,竹内他们被太平"开拓团"收容。然后在第二年10月,竹内孤身一人回到了故乡——北海道室兰。

没有发出一声枪响

8月9日凌晨两点,在因不断征兵而变得空荡荡的哈尔滨学院南宿舍,只有第25期学生松村笃雄起床了。因为松村同宿舍的后辈,第26期学生大谷政吉因高烧起不了身,所以松村去与厨房相连的地下冷库,取出冰块,在宿舍入口旁捣碎装进冰袋。这时,从昏暗的哈尔滨学院的上空中传来了类似飞蚊的声音。

"什么啊?"松村仰望夜空的瞬间,周围一片变得如同白天一样明亮,能看到曳光弹在远处轻轻落下。

在被窝里睁着眼睛的岛津朝美,立马就明白了"像飞蚊一样的声音"是军用飞机飞过来的声音。因为在东京他已经听习惯了。

B29终于来这里了,岛津从被窝里坐起身。同宿舍的石井利雄和山内五郎还在睡觉。整个宿舍也很安静。

岛津打开了窗户。远处可以看到飞机的身影。石井和山内也睁开了眼睛,宿舍内也开始喧闹起来。

"敌机——来袭!"

同在二楼的草野威跑到楼道里喊道。草野是在这年三月从学习了四年的"新京"一中提前毕业,从四月开始在哈尔滨学院学习的。他顺势拉了各房间的门,将大家叫醒。他在这一天,因为受伤没有参加滑翔机训练,一整天待在宿舍里。可能是因为一直没有挪动身体吧，一整晚他反复睡睡醒醒。

"美国军机吗？"

听到了谁的提问声。岛津刚开始也这么想，但再仔细一听，就感受到了比东京大空袭时更加沉重的，像要响彻心扉的轰响。他从关东军将校那听说："关东军有针对美军军机的监视点，所以（如果美军军机飞来的话）警报器一定会响。"

太阳升起以后，他们才知道从南宿舍窗户可以看到的战斗机，从属于苏联远东第二方面军。

苏联开始对"满洲国"发起攻击了。

这句话缺乏现实感。虽说大部分的男人都被关东军动员起来了，但哈尔滨是至今与战斗无缘的地方。

"满洲国"总务厅长官武部六藏、"满洲国"协和会中央本部长三宅光治、满铁总裁山崎元干等人，聚集到"满洲国"首都"新京"的关东军司令部。替别人前往大连，不在"新京"的山田乙三司令官，高级副官泉水大佐，向他们传达了"关东军响应日本本土的决战政策，撤退到朝鲜国界附近的通化"的方针。

于是，关东军司令部希望各机构的代表在那夜 12 点之前，向离通化较近的梅花口转移。

对于被叫来的武部、三宅、山崎来说，这是晴天霹雳。直到前一天，关东军不是还扬言，要是苏军攻来的话，就直接反击吗？但是，那天午后，满洲电力、满洲重工业开发等特殊公司的管理者也提出了离开"新京"的申请，第二天的"新京"因想要迁走的日本人而混乱不堪。

关东军干部、"满洲国"政府高官、满铁其他重要机构的管理层去通化，其家人们去奉天或经由安东（丹东）去朝鲜，如果有机会的话就从那儿再去日本。满铁提供了用于疏散的特别列车,让军人、官员、管理人员优先乘坐。普通市民只能默默目送他们离开。

郊外被轰炸以后,哈尔滨被沉闷的寂静所笼罩。

8月14日,日本接受了《波茨坦宣言》。草野从放在哈尔滨学院南宿舍图书馆的收音机短波广播中,知道了这个消息,然后就给住在"新京"的母亲写了遗书。因为他要坚定自己的意志——往苏联战车中投掷手榴弹。

南宿舍暂停了劳动动员,学生们各自将三八式步枪、五发实弹握在手中。白井长助学监和家人一齐搬到了南宿舍,在这里死守。白井在1938年辞去了早稻田大学文学部教授的职位,前往哈尔滨学院任职,但是是他自己一个人。但在大空袭后,他将妻子和四个孩子叫来,一家人借住在哈尔滨俄罗斯人的家中。但是,大部分的俄罗斯人害怕将要到来的苏联当局责难他们"把家借给日本人",就强迫他们搬了出去。

8月14日,岛津在哈尔滨学院所在的马家沟地区走着的时候,在街上发现了站着谈话的俄罗斯妇女。她们一发现穿着哈尔滨学院土黄色制服的岛津,就突然停止了谈话。好像一直在等着岛津走过去。

在街上看不到负责治安的关东军的影子。岛津在市场装卸货物、改装货物、开货车等的被日本人称为苦力的当地中国劳动者的视线中也感受到了变化。没有办公场所的他们,常常坐在杂乱的仓库的屋檐下,等待被称为工头的人的吩咐。在一直以来面无表情的他们的眼神中,岛津仿佛感受到夹杂的些许敌意。

8月15日。苏联进攻六天后——

在酷暑中,白井学监让三八式步枪和手榴弹不离身的、死守在南宿舍的哈尔滨学院学生,在一楼大厅的收音机前集合。说是有来自天皇陛下的重要的广播。

"……今后帝国所受之苦固非寻常,朕亦深知尔等臣民之衷情,然时运之所趋,朕欲忍所难忍,耐所难耐,以为万世之太平……"

在收音机咔咔、噼噼的杂音中,他们基本上听不清内容。"是停战吗?还是奋发努力?"

御音广播结束后,白井学监让大家到三楼会议室。当大家都在默默爬楼梯的时候,不知是谁用无感情的声音嘟哝道:"无条件投降,无条件投降。"之后,有人开始哭了起来,"日本战败了……",像是呼应他,学生们都开始呜咽了。

岛津没有流泪。因为他满脑子想的都是接下来该怎么办。

这是终战的诏书。守在哈尔滨学院南宿舍的学生们一枪也没开,一个手榴弹也没扔,就迎来了战败。

一直掌管厨房的中国厨师长对知道战败的学生们说:"(苏联军队来之前)想让你们吃够肉。一会儿要收拾黑猪,来帮忙吧。"

在宿舍里,养着11头猪。厨师长的计划是,在被苏军抢走之前,都吃了。但是,中国厨师加上厨师长也只有两个人。开始时两个人拿着鹤嘴锄宰杀,但是猪挣扎得厉害,完全不行。

这样,学院学生和黑猪之间的追逐战就开始了。学生们跑着,一定要将乱跑乱叫的猪拦住。这场景,多么有田园风,多么好笑。

第五章
没有结束的战争

学生宿舍节

运动会化装队伍

红旗和青天白日满地红旗飘扬的日子

1945年8月8日0时6分,在"满洲国""皇帝"爱新觉罗·溥仪躲藏的东满洲临江大栗子沟的矿山公司住宅中,"满洲国"国务总理大臣张景惠等日满高官坐成一排,溥仪宣读了退位诏书。这是一个八张草席大小的日式房间,房间里摆放着一张普普通通的桌子,非常朴素。宣读时间仅14分钟,"满洲国"就灭亡了。对于溥仪而言,这是他的第三次退位。

残留的旧"满洲国"高官们组建了东北地方临时治安委员会,委员长由张景惠担任。在日本人中,原"满洲国"总务厅长官武部、原"满洲国"协和会中央本部长三宅加入了该委员会。在中国国民政府掌握满洲政权之前,委员会将承担临时政府的职能。

溥仪从大栗子乘坐夜行火车赶往奉天,他要乘坐小型飞机逃往日本,当时飞机已经在机场待飞。但第二天,19日上午11点,就在溥仪登上飞机的前一刻,苏联兵进入机场,溥仪被苏军带走了。

同日,热河省次长岸谷隆一郎通过与进驻苏联军方的交涉,得到了保证滞留日本人安全的明确允诺,于是他让老人和妇女儿童向锦州转移。承认战败的国家首先应该做的就是确保被占领地区居住的非参战人员的人身安全,这本应由关东军军官去完成,然而现在他们已经从满洲消失了,岸谷就肩负起了这一责任。

岸谷邀请省内各县县长和高级官吏来到家中，共同举起了告别的酒杯。当时，他告诉部下："我要自杀，诸君都去收容所吧！"大家让他放弃自杀念头，他说："现在没有'满洲国'了，也就没有我岸谷隆一郎了！"众人离开岸谷家是下午6点。送走所有人后，岸谷将玄关门从屋内锁住，与妻子八重以及分别16岁和14岁的两个女儿一起喝下了氰化钾。

当地的中国人安静地将遗体从其家中搬出，他们把四个人的尸体放进在附近神社准备好的棺材里，然后挖土埋葬。至少中国邻居向岸谷一家表示了善意吧。岸谷隆一郎，享年44岁。

哈尔滨学院第1期学生岸谷自杀当天，校长面对大约60名在校生这样说：

"我国战败了。但是，你们不要轻举妄动，希望大家回到日本去，为祖国的重建鞠躬尽瘁。"

此时苏联军队已经进入哈尔滨。

岛津朝美想了解哈尔滨市内的情况，决定从马家沟到市内去。但是，考虑到战败前夕中国人和俄罗斯人投向日本人的那种目光，现在日本人满不在乎地在街上闲逛是很危险的。所以，岛津穿上校友的中国服装，摘下了眼镜。因为在哈尔滨，戴眼镜的亚洲人基本都是日本人。

装扮成中国人的岛津快步向上坡方向走去。沿上坡走，刚可以看见洋葱形圆屋顶的时候，苏联军用卡车队已经从坡上朝这边驶来。卡车载货架上装有天线一样的东西，苏联兵从那里露出上半身，把别称"曼陀罗枪"的连发式自动步枪对着外面。此外，卡车后面还有巨大的T34重型坦克压阵。

岛津避开苏联兵的目光快步通过车队。到达上坡建的环岛时，完全没有想到的景象使他倒吸一口凉气。

周围飘扬着数不清的苏联红旗和中国国民政府的青天白日满地红旗，青天白日满地红旗是蒋介石1928年就任南京国民政府主席时创设的国旗。国旗的蓝、红、白三色源于孙文提出的三民（民族、民权、民生）主义。

这些旗子好像都是新的，规格也是统一的。这么多旗子以前被藏在了哪里？只能认为是此前做好了周全的准备。

"培养投身北方的国家栋梁"，哈尔滨学院的纲领中有这样的表述。这一表述包含不能从与苏联的革命中逃跑，要解放无数被扣留在苏联共产党统治下的俄罗斯人的使命感。然而，这不过是自命不凡罢了。

岛津心中这样想着，目光完全被风中飘扬的红旗和鲜艳的青天白日满地红旗吸引住了。

8月21日，"满洲国"立大学哈尔滨学院在25年的历史中落下帷幕。被召入伍的第24期学生按提前毕业处理，学校给余下的低年级学生颁发了涩谷手写的在校证明，这是关闭学校时发行的学生证明，当时在这里学习的有1412人。

他们在南宿舍后院焚烧校旗。点火的是校长涩谷三郎，有数名学生在场。学生们纷纷把俄语字典和与苏联相关的论文投入火中，以免被俄军怀疑为间谍。焚书持续了一段时间。

在哈尔滨学院和位于马家沟的"满洲国"政府住宅等地执勤的其他学生也回到宿舍，把自己的三八式步枪集中在一个地方，这是在做解除武装的准备。

那日夜,涩谷三郎在家里向妻子扣动了扳机,其儿子泰也开枪自杀。他确认一家人都倒下之后,把枪口对准了自己的太阳穴。遗书末尾涩谷这样写道:"期待你们每个人都能成为建设新日本的基石,我会在九泉之下守护诸君的未来。"泰当时没有死,学生们急忙把他送到医院,但是他最终仍没有清醒过来,不久就停止了呼吸。

第二天(22日),年轻的苏军士兵穿着鞋走进了南宿舍。

"多么失礼的一伙人啊!"岛津想,不过好像苏联士兵也惧怕日本人的反击,年轻的士兵把曼陀罗枪贴近胸口,充血的眼睛四处扫视。虽然把亢奋的苏联兵领到宿舍里面很不容易,但当把集中存放的三八式步枪指给他们看之后,士兵们立刻浮现出些许安心的表情。

数日后,是学监白井长助的自杀。白井从苏联入侵攻占后一直住在男宿舍阁楼的房间里,他决定和家人一齐自杀。学生们听到枪声跑上阁楼,看到白井头部流着血正奄奄一息。看起来他是枪杀家人之后自杀未遂。

房间里有白井亲手写的留言,留言这样写道:"万一我没有死,请出于武士之情把我杀死。"一名第25期学生看完留言说:"拿一块长木板来!"五六个学生从楼下搬来了木板,把白井横放上去。这名学生慢慢分开双腿,用手绢用力勒住白井的脖子。不久白井痛苦的声音便消失了。

"这是武士之情啊!"

他用没有音调的声音自言自语。于是,一直在场的一人说:

"我们被军队、被日本、被教师抛弃了!"

哈尔滨学院学生将涩谷一家人的遗体从家搬到练习驾驶滑翔

机用的卡车上，埋葬在哈尔滨图书馆前。他们也曾打算让白井一家长眠在相同的地点，但是哈尔滨市内的日本人住宅和商店等不断遭到袭击，治安急剧恶化，从南宿舍运出遗体非常危险。认识到这点的学院学生们决定用锯把南宿舍食堂的桌子锯开做成棺材，将白井一家人的遗体放进去，埋在后院里。

做这些事情的是不满20岁的青年们。就连在战争中怎样作战他们尚且没有学过几次，战败时该如何做，自然是一回也没有学过，年轻的学生们默默做着这些。他们没有被战败的打击摧毁的闲暇，因为必须要去处理的事情还在接连发生。

带走日本人

哈尔滨学院24期、25期、26期学生保留下来的体验记有：哈尔滨学院24期会编辑的《"满洲国"立大学哈尔滨学院24期学生记录》、《我们生活的暴风雨时代——哈尔滨学院25期学生记录》、哈尔滨学院26期会纪念刊（该期会刊创刊号）《那以后的50年——我们心中的哈尔滨在哪里》。如果阅读这些文章，就会发现这些文章都不惜使用大量笔墨描述了日本人从战败到回日本这段时间如何继续生存下去的问题。被留下的学院学生保存的是从涩谷校长那里得到的300日元，还有毛毯、冬季使用的编织毛衣和狮子牌牙粉。上半身穿衬衫、下半身穿柔道运动裤，这在当时很精神。学院校长涩谷、学监白井死后，哈尔滨学院举办了解散仪式。学监白井自杀后，教授竹内仲夫成为了学院责任人。他和校长涩谷三郎在陆军幼年学校是同期生，他在哈尔滨学院教授托尔斯泰、陀思妥耶夫斯基作品论。

"没有亲属投靠的人我们可以照顾,其他人赶快逃走,注意不要被逮到。"竹内平静地说。

这个时候所谓的有亲属的人指的是中国、蒙古和朝鲜学员。例如,24期学生钱育才乘坐开往"新京"的满员的列车回到老家,受进驻俄军雇用做日俄、中俄口译,之后就职于由中国军队接管的"新京"邮局。

因为苏军的进攻各地都是一片混乱,日本人即便是在"新京"、奉天等地有亲戚,也根本没有地方投靠。岛津在满洲没有亲戚,他和另外两名学生一齐到在哈尔滨市内的南教授家里。南教授家也遇上了麻烦,一天晚上苏联兵终于来了。苏联兵对岛津说:"现在我们正在集中哈尔滨的日本人,明早要把你带走,提前做好出发准备!"

苏联兵走后,南夫人想哈尔滨学院的学生能够回国了,用仅有的红小豆做了小豆饭。

可是,到了第二天早上,苏联兵却没有过来。

错失了回国机会,夫人和岛津非常失望,但被集中起来的日本人也没有能够回日本。

黑羽和岛津是同期学生,他在南宿舍一直待到8月末。之后,他决定投靠日本兴业银行哈尔滨支行长山口政夫。他手里拿着装有随身用品的书包和一个包袱卷前往山口家。

黑羽在奉天出生,出生不久母亲就去世了,父亲是鞋匠,他在当地上中学的时候,父亲自杀了。那以后他在姑母那里生活,直到进入哈尔滨学院。不过姑母在日本战败前夕回国了,两个哥哥也都已参军,现在下落不明,他没有任何人可以依靠了。

战败后,苏联兵用曼陀罗自动步枪对着他,抢走了一个包。包里装着日记、照片、信件、死去父亲的手表,还有姑母给他织的毛衣。信件里有些是小学时喜欢的女孩写给他的信,"这下彻底是一个人了",他想。

坏运气仍在继续。快到山口家的时候,他的书包和包袱卷又被几个中国人抢去了。

"为什么我这么倒霉!"他想。

黑羽咬着嘴唇狠狠瞪着掠夺者跑远的背影。可是,哈尔滨现在没有关东军,所有人都知道日本人的武装被解除了。

黑羽浑身无力,低头继续向山口家走。所以,直到被苏联兵叫住,黑羽才发现他们的存在。

苏兵站在大马车前,用枪口指着黑羽,催促他上马车。

没有亲人,两手空空,无论怎样都可以。抱着无所谓的态度,黑羽服从了苏联兵的命令。

黑羽被带到的地方是曾经的哈尔滨特务机关,现在的苏军司令部里的一个房间。在一个天井很高的大房间里,20个日本男人坐在地上。其中也有山口的身影。

与到山口家看到没有一个人觉得奇怪相比,还是这样好,黑羽开玩笑说,不过山口没有笑。那天,黑羽和山口等人被装进了停在哈尔滨火车站稍偏西一点的火车上。

从8月23日到9月上旬,进驻哈尔滨的苏军拘留了26000名日本成年男性。其中4000人在哈尔滨市内给苏联搬运物资,包括黑羽和山口在内的其余22000人几乎都坐火车被带往了海林和牡丹江方向。

火车开动是第二天早晨,他们没有被告知去的地点。车一直缓慢前行,夜里在一个名叫香坊的车站停下了,车站周边分散有布满铁丝的收容所,以前可能是马棚,里面扔着几具马的尸体,马身朝上翻着胀鼓鼓的肚子。

那日夜里,日本人一个挨一个地睡在收容所里。

第二天,大家知道这里是中转站。白天没有特别要做的事,有中国人翻过铁丝进来卖东西,这时黑羽用关闭哈尔滨学院南宿舍时分到的钱买了馒头和纸烟。16岁的黑羽从那时起养成了吸烟的习惯。尽管"满洲国"的正式流通货币是金票(日元)和国币("满洲国"元),但因为日元更值钱,中国人都想要金票。

到香坊后大概过了一周时间,在苏联兵的命令下他们再次登上火车。火车继续向东徐徐前进。

火车上早晚发两次饭,可能是从日军仓库调拨的吧。但是,几乎不吃大米的苏联兵只给他们硬邦邦的大米。日本人因为没有锅和饭盒,就用在香坊买的罐头空盒等容器蒸大米。

几天后,列车停在了一个叫横道河子的车站,下车后从车站徒步行走。数千个日本男人排成一队像一条窄带子一样走下山谷,沿着山脚下的路前行。有几十个苏联兵监视连绵不断的长队,大喊:"离队的人统统枪毙!"在行走途中,黑羽好几次听到了枪声,似乎是开枪恐吓。

已到9月。一入夜,气温就急剧下降。长途行军使他们疲惫至极,有人一屁股坐下,但是由于寒冷,一停下脚步就会清醒过来。途中,一行人如果发现日本人村子的废弃房屋,就把它拆掉烧柴取暖。

之后他们也多次看到没有人烟的大村庄,有的村头建有小收容所,那里有正在做饭的日本人的身影。他们把装谷物的麻袋从上面和中间剪开,从那里伸出头和双手,用绳子绑在腰上穿。难民全都满脸灰尘,女人们都是光头和尚,为的是假扮成男人不被苏联兵凌辱。这些是"开拓团"的人,他们从满洲最东北地区的佳木斯南下而来。

第一次移民潮,始于1932年"满洲国"成立时期,以佳木斯东南永丰镇为起点。1936年8月,广田弘毅内阁制订了"20年百万户移民计划"。该计划预测"满洲国"未来人口为五千万,预计从该年开始历时20年时间,从日本迁居一百万户,即五百万人。但是,之后实际迁居殖民地的人数只有57000户,即不到27万人而已。

佳木斯是松花江流域最北端的城市。"开拓团"派遣地中也有自然环境极其恶劣的地方。严冬时期仿佛时间停止流逝一般,周遭一片静寂。从春天经过夏天长起来的翠绿的麦田,如今冻得像波浪翻滚的形状。战败前"开拓团"的人数是197000人,这里的情况与在日本听到的——贫穷农村出身的日本人手握铁锹开垦着无边无际广阔的荒地——完全不同。

即使是在哈尔滨市内,也能看到穿着扎腿式裙裤,带着孩子的女人,她们是从北满好不容易到达这里的日本人。虽然之后也有难民不断流入,但从某个时间开始,难民团里就看不到五六岁的孩子了,最后,也看不到婴幼儿了。在从边境到城市的长途转移中,孩子变成了累赘。走不动的孩子脖子上挂着小袋,里面装着护身符和写有户籍姓名的纸条,被遗弃在逃难路上。不忍心舍弃孩子的母亲向当地中国人求救,成为了中国人的妻子。

黑羽等十多岁的孩子们进到了牡丹江郊外日本人的收容所。这里看起来像是原关东军驻地，长长的兵营整齐地排列着。

之后他们每天都干修复战争中毁坏的建筑物、伐木等劳役。由于黑羽多少懂些俄语，苏军让他当翻译。因为必须要把苏联兵的命令翻译成日语，所以他也就免除了劳动，有时回去还会从苏联军官那得到面包或猪油罐头。

有一次，黑羽被两个军官叫住了。他们在收容所外面坐下，其中一个一边抽烟一边盯着他，说：

"在哪里学会的俄语？"

黑羽用不熟练的俄语讲了在哈尔滨学院的事。于是，这个军官开始和另一个军官说起来，他们又转过身问：

"シュピオヌイ？"

"你是间谍吗？"就是这个意思。另一个正在怀疑黑羽，因为苏联将哈尔滨学院视为"间谍培养学校"。《俄罗斯苏维埃联邦社会主义共和国刑法》第五十八条第六项指出："间谍行为，是指将内容上特别需要保护的国家机密情报交付给外国、反革命团体或个人，盗取或者以交付为目的的搜集情报的行为。"间谍将被处以剥夺三年以上自由直至枪毙的刑罚。

黑羽慌忙回答："我不是间谍。"虽然他没有被继续盘问下去，但是战败时，时任"满洲国"外交官的第12期学生梶浦智吉从"新京"逃到避难地平壤，在平壤被苏军拘留，被辗转送到远东西伯利亚收容所。那时，负责调查梶浦的官员这样说：

"苏联驻外外交官全部是间谍，因此日本外交官也全部是间谍。"

哈尔滨学院的毕业生被带到俄罗斯各地，其中有的人被讯问:"在哪里学的俄语?""只是一年级学生,俄语不可能学得那么好!""你隐瞒了年龄!""你多次非法进入俄罗斯!""写出你同伙的名字!"也有人被判定为逃兵,"从解除关东军武装来看,动员人数和实际人数不符,有逃跑的家伙,你是个逃兵!"

虽然有很多人因此而神经紧张,可黑羽应该注意的却是日本人。黑羽受到苏军的优待,招致其他日本人的反感和妒忌,甚至他在熄灯后的深夜遭到多人的殴打。

从哈尔滨被带走约四个月后,1946年,结束建设和采伐作业的黑羽一行人乘无盖列车被送回了哈尔滨。这些回来的日本人,没有因残酷的劳动而丧命是非常幸运的。

乱世中活下来的人们

战败后,哈尔滨的中国人动作很迅速。他们把空置的军人宿舍的篱笆拆掉,接着陆续搬出家里的东西,最后把门、榻榻米,甚至屋顶的瓦片、窗框都搬出去,转眼间房屋就成了一副骨架。他们垒起晒干的砖头,在屋顶铺上木板,上面放粮食袋子,然后架起木头放置石头。如果再安上窗框和门的话,一个家就建好了。

但是,哈尔滨的日本女性也很顽强。

加藤幸四郎是哈尔滨学院第10期学生,他的妻子淑子必须离开一直居住的房子,因为房东中国人对她说:"已经不让租给日本人了。"丈夫幸四郎曾在哈尔滨特务机关工作,不过两个月前就调到朝鲜济州岛防卫部队去了。淑子抱着三个孩子在"星辉宿舍"和其他哈尔滨民间的日本人一齐寄人篱下。"星辉宿舍"是为哈尔滨女子中学的军人家庭建造的宿舍。

有一天,苏联兵来了。"我们是来调查有没有武器的。"年轻士兵穿着鞋走进来。看到他们,淑子用俄语说:

"榻榻米上面不能穿着鞋走。"

对方是一个两只手戴着好几块从日本人那里抢来的手表的苏联兵,如果只是说"脱掉鞋!"可能会被枪毙,淑子这样想。然而年轻士兵顺从她的话脱了鞋。淑子知道,如果言语不粗鲁也不胆怯,坚毅且包含敬意,对方能够明白。

另一方面,提起日本男人,许多和军队人员有关的人因为惧怕被抓捕,就闷在通有暖气管道的地下道等地不敢露面。担任"星辉宿舍"副团长的藤田说:"到苏联十月革命纪念日这天(11月7日),苏联兵有可能喝酒大闹,到这个宿舍来带走女性,不过请不要抵抗,抵抗会被他们枪毙的。"

不是"不要抵抗",首先应该考虑的是不能让苏联兵进入宿舍吧,淑子感到非常愤怒。

那时,淑子一直靠变卖自己的东西生活。路上形成了集市,蔬菜堆积如山,可能是从关东军仓库里拿出来的豆酱、酱油和谷物摆放在路边,是用来交换和服等物品的。

然而,不光是和服,还有装饰品等,很快淑子将家里差不多所有东西都卖光了。并且,苏军发行的军票在市内大量投放,生活用品价格飞涨。于是,淑子就和当地日本人一起用缝纫机把床单、和服的边角料制成用于慰问苏联兵的吉祥玩偶,还给裁缝店做工缝补当地日本人的衣服,补贴家计。

淑子在"满洲国"时期一直过着富裕的生活,她不知道未来等待她的是怎样的生活，所以她想最好还是尽量习惯中国下层社会的饮食，于是她不断让孩子们吃拉车叫卖的黄米年糕、猪肉包子和油炒葱蒜。

后来，加藤淑子幸存下来并回到了日本，与丈夫幸四郎在日本重逢。然后，她在新桥开了一家名叫"松花江"的俄罗斯西餐厅，雇用从哈尔滨等旧满洲撤出来的俄罗斯女性当招待。只会几句日语的流巴和嘉丽娜十分宠爱淑子的小女儿登纪子，登纪子后来成为一名歌手登上舞台，当然这些都是后话。

战败后一个月，由于寄居在哈尔滨学院南教授家里，岛津朝美一直没有被送到牡丹江去。那之后，他受到哈尔滨学院一个比他高一年级的学姐的关照，住在了她的父母家。

学姐也靠变卖家具和衣服维持生活。有的日本人把豆腐装进石油罐里在大街上叫卖，也有的从农民那里买来烟叶卷成纸烟卖钱。岛津想必须要找个工作才行，就向苏军申请"希望有个工作"，因为他不知道苏联正强制日本人劳动的情况。

于是，一名军官派他去运煤，去郊外耕田。说是耕田，主要是给马铃薯田除草。虽然给几天时间除掉田里各个角落的杂草，但等全都干完时，之前拔掉草的地方又会长出许多杂草。除了拔草，岛津还把干燥的家畜粪便和干草、黏土混合搅拌，等自然干燥后制成固体燃料。

可是，并非总有这样的工作，收入也不稳定。

没有活儿干的日子，岛津步行在一条名叫南岸的繁华街道。街上排列着许多用晒干的砖头建成的露天商店，他看见了一家六张草席大小的小蔬菜店。

店主是一个40来岁的日本人。虽然周围都是中国人开的店,但他却不害怕,无论日本人还是中国人,都做买卖。他本人也是受雇于人,店的经营者好像是一个右翼的大陆流浪武士。因为受雇的店长说"人手不够",于是决定让岛津从第二天开始运送蔬菜。

每天,岛津拉着两轮拖车把蔬菜运到哈尔滨的各个地方。在有了一定收入后,他也能给学姐家一些钱了。

蔬菜店生意兴旺起来。听到这个消息的一些在哈尔滨的日本人——小学教员、满铁职员、关税职员等,纷纷来到蔬菜店希望被雇用。11月,土豆和高粱成为哈尔滨市民过冬的必需品。人手增加虽说是件好事,可他们几乎都是上了岁数的人,所以总是岛津把沉重的土豆搬到住宅最高层。

当时,城里有一些有势力的人向没有亲戚的学生和单身人员提供已经无人居住的大面积住宅,岛津一提出申请就得到了入住批准。黑羽从牡丹江强制劳动回来后,在哈尔滨给俄文报纸《俄语词》(根据俄语发音译)做送报员,他也来到这里与大家一起生活。总共有30人,其中原哈尔滨学院学生有十几人,他们把新住所命名为"梁山泊"。梁山泊原本是位于中国山东省济宁市梁山县的一个沼泽,也带有土匪巢穴或豪杰团体的意思。

耳闻学生们过着集体生活,也有一些在哈尔滨的日本人送来了锅、被褥和书等物品。在送来的书里,有河上肇著的《第二贫困物语》,这是一本马克思主义入门书籍。因为书籍受到审查,书中满是避讳符号,岛津忘我地读着这本书,并且从中学到了用贫富不同阶级的观点去看世界的方法。

严冬的"梁山泊"寒彻骨。窗户不是双层,屋里虽然有俄式壁炉却没有燃料，房间的墙壁都结了薄冰。青年们用镍铬电热丝的老式电热器来得到一丝温暖。

给苏军当翻译

当时很多日本人被移送到自然条件残酷的西伯利亚以及西亚地区。也有人说，坐上货车，料想一定是回国，心里高兴万分，可列车没有向东，而是向西行驶，他们觉得是到达了日本海附近，原来是东西伯利亚的贝加尔湖。

日本被扣留者中有562000多名军官和11000多名普通人。即使在吐口唾沫能冻成冰、人能骨碌碌在冰上滚的严冬期，他们的森林采伐和铺设铁路线的作业仍在继续。他们不知道将近20米的巨树会倒向哪边，有时树木也会旋转着在山的斜坡上滚落，也发生过人被卷进去致死的情况。夜里他们把圆木当床睡，点燃白桦树皮照亮。在被扣留的这段时间，懂俄语的原哈尔滨学院学生们不从事强制劳动，而是被苏军任命为翻译。

中村正平是哈尔滨学院第25期学员，1927年生于符拉迪沃斯托克（海参崴）。在日军出兵西伯利亚中期的1910年，他的父亲正二郎回到这里，开始在符拉迪沃斯托克（海参崴）港经营一家船运公司。中村在符拉迪沃斯托克（海参崴）日本人学校上学，在和附近俄罗斯孩子一起玩耍时，自然就掌握了俄语。

因为父亲的原因，1937年一家人搬到了哈尔滨居住。中村转校就读于花园小学，然后升入哈尔滨商业学校，1944年进入哈尔滨学院学习。

在大陆长大的中村意志坚定，也不介意一些琐碎小事。1945年8月2日满洲进入战时体制，那天他一个人出发去蒙古旅行。

出发四天后，列车全线停止，怎么都不开动。车厢里也不放广播。慢性子的中村虽然心里觉得"真奇怪啊"，但还是在火车上啃了两天自带的压缩饼干。

这时候突然传来了苏联参战的通知。

事态严峻，必须尽快返回哈尔滨。中村这样想着就下了火车，沿着站台向来的方向走去。

途中，中村偶遇了中国共产党的军队，就是被称为"八路军"的士兵们。八路军部队说为了和国民党战斗所以要北上。

1921年（大正十年），中国共产党在上海成立。领导人毛泽东始终贯彻受广大士兵和民众喜爱的三大纪律和八项注意。

三大纪律是：①一切行动听指挥；②不拿群众一针一线；③一切缴获要归公。八项注意是：①说话和气；②买卖公平；③借东西要还；④损坏东西要赔偿；⑤不打人骂人；⑥不损坏庄稼；⑦不调戏妇女；⑧不虐待俘虏。

并且在战场上采取了游击战术：①敌进我退；②敌驻我扰；③敌疲我打；④敌退我追。

八路军通过三大纪律和八项注意在农村赢得了人心；通过游击战术的四个基本方法使中国国民党和日军在城市陷入孤立，他们从农村向城市包围。

有时他们在与日军的战斗中装扮成普通民众，成为反击敌人的"便衣队"，使日军大伤脑筋。日本士兵看不出他们和普通民众的不同之处，出于过度恐惧，便不加区分开枪射击杀害了大量居

166

民,进一步加深了普通民众对日军的憎恨。虽说如此,八路军战士之所以能够成为"便衣队",也许就是因为他们得到了人民的信赖吧。

对于日军的进攻,尽管国民党军一步步撤退,八路军却表面后退,实际绕到敌后展开顽强的游击战。

但是,目前日本正要投降,八路军把目标对准了国民党。

"如果是这样,能否让我跟你们一齐到哈尔滨去?"

中村请求部队长官。

尽管这是八路军的"敌人"日本人提出的请求,但部队长官说:"你如果想去,也可以上车。"中村对八路军的宽容表示感谢,一行人就让他上了车。

不过,中村最终没能抵达哈尔滨。因为他们走到奉天时是8月11日夜里,从满洲东面进入的苏兵先遣部队乘坐的列车也到了。三天之后,以坦克部队为先导的大部队进入了奉天城。

之后苏军先后接收了奉天时火车站、广播电台、满铁事业所、关东军设施、工厂和主要机构,并通告禁止夜间外出。与此同时,还带走了奉天的日本人。

中村也被带到苏军司令部接受了调查。但是,据说苏军正在搜寻有军籍的日本人,18岁的中村连兵役经验也没有,就被释放了。

"日本战败了。那么,我今后该怎么办?"

中村想姑且先坐火车回到哈尔滨,却在司令部大门口被一个戴着大尉徽章的军官叫住了。

"你会俄语吗?"

"是的。"

"那么,为苏联工作怎么样?"

中村没有找出拒绝的理由,索性当场回答:"如果工作中能用上以前学过的俄语的话。"然后又返回了司令部。在那里,大尉用威胁的口气对他说"你必须发誓效忠苏联"后,他就被带到了位于奉天郊外的满洲重工业开发株式会社奉天金矿精炼所,苏军称要在这个工厂用270个日本劳力制造金银。中村的作用是把苏军的命令传达给日本厂长等工作人员。

一个尚不满20岁的青年,要把苏军的命令传达给许多他父辈年纪的男人。并且,担任俄语翻译的中村还享受着军官待遇,苏军把旧满铁参事级别的公司住宅分给他当宿舍。他可能会遭到工厂日本工人的妒忌,最糟糕的是有可能被当成"叛徒"受到袭击。因此中村身后跟着两个苏联保镖。

蒙古之旅从出发后,中村就一直没有回到哈尔滨,时间大约过去了一年。

由于在中国国内已经无法筹集到用于提炼金银的原料,奉天金矿精炼所关闭了,270个日本人决定返回日本。尽管苏联军官对中村说:"你还年轻,还是在苏联好好学习吧!"但是他对去莫斯科感到很不安。一天,中村默默离开了司令部,也乘上了日本人回国的列车。中村生于符拉迪沃斯托克(海参崴),现在户籍在石川县加贺市。

向满洲逆行

日本战败后,驻扎在三重县度会郡的第444连队小队长杉目升想立刻回到满洲去。他生在奉天长在大连,毕业于哈尔滨学院。

对他而言,满洲就是他的故乡。他原本认为自己迟早会被再次调到满洲,就把妻子留在了哈尔滨。他的父母和姐姐住在大连。

8月15日,天皇发表停战诏书后,杉目就去了下关港,但当时不允许去满洲和朝鲜。战败后,日本政府与各国的外交关系被切断,虽说有很多从大陆回来的人员,但是根本没有日本人想去大陆。杉目折回了驻扎地,数日后,他看到报纸上刊登的"请'满洲国'官员来'满洲国'大使馆"的消息,于是立即去了东京。

在那里,原"满洲国"官员向杉目提出:"我们决定成立满洲撤离人员的援护团体,你能不能协助我们?"他们说该团体是由关东军参谋部第二课滨田中佐和"满洲国"总务厅参事官岩崎组建的。战败前夕,为向东京方面报告满洲的形势,滨田和岩崎从"新京"出发,想要回日本。由于苏军的进攻,他们的行动未果,后来逃离了苏军的监视,于9月上旬回到日本,便匆忙成立了这一私人机构。该团体从外务省外围团体驻外同胞援护会得到资金援助,正式名称为"大陆撤退人员援护会",事务所建在福冈县下小山町。

杉目最初开展的是情报收集工作。连日来,他从挤进博多港的撤侨船、复员船上下来的人那里收集信息。这些人中有满铁相关人员、民间企业人士及家属,以及隐瞒军属身份偷渡回国的人。之后他把从这些人那里听来的话整理成"大陆情报",报告给外务省、厚生省和报社等机构。

满洲的战争仍在继续,这是杉目从各种信息中判断出的结论。提供信息的几乎都是在大连、奉天和"新京"等满洲城市生活的人,北满等边境地区"开拓团"的人还不能回国。杉目想起了他曾经工作过的地方——海拉尔平原和兴安岭山脉,短暂的夏季一过,寒冷的冬季马上就临近了。

战败前夕,日本政府制定方针:"希望在满洲的日本人尽量定居下来。"据称,包括满洲、东南亚等地在内的在外日本人的数量达 650 万—700 万,这相当于日本国内人口的十分之一,当时日本没有接收如此大量人员的能力。

"我一定要把他们带回来",杉目下定决心。

战败大约四个月后,12 月,为了避免占领军知道消息,大陆撤退人员援护会极为秘密地派出了密使。密使有四人,满铁副参事横濑多喜赴大连,满洲建国大学毕业生白石修赴奉天,哈尔滨学院第 9 期学员、满铁铁道部参事平井弘赴"新京",杉目升赴哈尔滨,他们各自被分派了工作地点。

潜入大陆

1946 年 1 月 7 日夜,四个密使在佐贺县唐津乘上了捕沙丁鱼的小型渔船。在从玄界滩刮来的呼呼北风中,小型渔船从唐津港出发了。当地警察署长对违法行为佯装不知,目送他们远去。杉目他们把写有大陆撤退人员援护会消息的纸条缝在衬衫里,把日元纸币叠小藏在靴子里,把遗言留在了日本。

船长曾常年担任松花江航船船长,是一个上了岁数的男人。小型渔船是在大连港找到的一艘偷渡归国船。面对杉目等人的请求,船长对于将再次陷入危险没有犹豫。

那天夜里,为了补水,小型渔船停靠在了长崎大岛。岛上的人招待他们吃了杂煮,还给他们准备了一个民居的房间休息。五个人小睡后，第二天早晨就迅速出发了。

从经过济州岛洋面直至进入黄海的航行中，海上一直是惊涛骇浪。铅灰色天空下，波浪如同大山般一次次翻滚而来。船从浪尖上飞向天空，随即又落向海底，船上的人被这种感觉侵袭。这期间，尽管船长没有惊慌，一直平静地掌着舵，但杉目他们简直紧张得连饭都咽不下去，只是偶尔从背包里拿出柑橘润一下喉咙。为了不在大幅摇摆中到处滚，四人头脚交错躺在船底，互相抱着双脚坚持着。

杉目紧闭双眼一个劲儿祈祷，让我活到满洲吧。

出航五天后，就能看见水平线上山东半岛的群山了。海浪也平静下来。进入渤海湾，之前的恶浪现在平静得令人难以置信，小型渔船如同在海面上滑行一般向大连驶去。

第二天，小型渔船划破薄冰，沿着大连港防波堤前行。进入俗称的"露西亚町码头"，挤进停泊中的中国平地帆船向前行驶。对杉目来说，这是离开故乡一年零四个月后的"归乡"，但是，故乡已不是曾经的故乡了。

肩膀上挂着连发式曼陀罗枪的苏兵正在码头监视。如果被发现是日本人，杉目他们会被立刻逮捕，也许会被当作间谍而枪毙。船上的人全都把有棉花的中国服装穿在身上。但其他船上的中国船夫用疯狂的声音大叫："哎呀，日本人来啦！"杉目他们不理会这些叫声，假装平静地登上陆地。

"你好。"

为了不受怀疑，杉目他们首先向大连码头的苏联兵打了招呼。年轻士兵面无表情地微微点了点头，好像没觉得杉目他们是日本人。

码头周边是杉目小时候钓鱼的地方。对当地熟悉的杉目走在最前面,加船长在内的五个人混在中国劳动者的人群里向大街走去。船长说在大连有亲戚,中途就和他们分开了。他们没有商定船的返程时间,何时回国还要根据留下日本人的情况而定。和其他三个密使约定在满铁总公司见面后,杉目就乘坐市内电车向父母家赶。

位于大连早苗町的父母家里住着母亲和姐姐。他听说曾在特务机关工作的父亲被苏军带走,目前尚无消息。虽然是久别重逢,但姐姐说"大连也有很多告密的人,待在这里很危险",所以他急忙离开家前往满铁总公司。

满铁职员中已经没有关东军了,现在他们从事与在满洲日本人回国和向战胜国交付日本设施相关的工作。

在总公司,满铁参事平井给了杉目事先准备好的铁道通行证和工作人员臂章。有了旧满铁职员这一身份,或许就能够避免"因涉嫌间谍行为被枪毙"的最坏情况。杉目在总公司与其他几个密使——留在大连的横濑多喜、前往奉天的白石修、要去"新京"的平井弘告别。奉天和"新京"已改回中国的地名"沈阳"和"长春"。

第二天,杉目从大连站坐上了开往哈尔滨的列车。虽然能够确保有座,但车厢通道和上下车连廊处都挤满了乘客,而且车窗上没有玻璃,而是钉着木板,所以尽管是白天,车厢里也很昏暗。

为方便男人们小便,车窗木板上开有小洞。杉目坐在车窗旁,每当有人小便,为了不让小便飞溅过来,他就用木板顶在男人们的屁股上。一开始可能是顶的劲儿过大,那个男人疼得大叫。

满员的车厢里时而有苏联兵推开乘客走过来,他们一发现日本人就立即索要财物,还用步枪的枪托狠揍不满足他们要求的人。这种时候,杉目就把头靠在坐在旁边的中国人肩膀上装成睡着的样子。

第二天早晨,火车到达长春,作为掩护自己的谢礼,杉目在车站买了水和馒头送给了同座的中国人。

在车厢里为所欲为的苏联兵也下车了,这样杉目就能够安心地向哈尔滨前进了。

刚松了口气,就在发车前一刻,许多苏联兵一窝蜂地上了火车。其中有两个年轻的士兵坐在了杉目坐着的三人座位上。他们说起扫射日军残余分子时得意洋洋。

如果不说话反倒会被怀疑。

在这里,杉目也是主动出击,用俄语和他们攀谈起来。于是,苏联兵说:"你懂俄语,能不能帮我们搜查车上有没有日本人?""哎呀,我不懂日本话啊!"杉目刚想拒绝。"那你用中国话说,看样子听不懂的就是日本人。"苏联兵站起身说。

就这样,杉目作为中俄翻译,和苏联兵一起在车厢里转来转去。幸运的是车上没有日本人,但是当他用中国话问苏联兵手指着的人"你是日本人吧?"的时候,他自己连活下去的心都没有了。杉目生于满洲,会说中国话,但当时他心里只想着如果被反问"这么说你才是日本人吧?"的时候该怎么办。

询问中没有中国乘客这样说,是不想和苏联兵扯上关系?还是在庇护杉目?杉目面色不改,双手合十,心里向乘客们说着"谢谢"。

战后的哈尔滨

杉目在哈尔滨火车站和苏联兵握手告别后,几乎累倒在站台

173

上。火车从长春出发,已经行驶了超过 12 个小时。当时的哈尔滨可能有零下 30 度左右。覆盖着白雪的大街上,中国车夫的马车熙熙攘攘。不同于杉目第一次站在这里时的是,现在看不到俄罗斯人优雅的身影了。杉目深深吸了口清澈的冷空气,打起精神,穿过 kitayisukaya 向妻子父母家走去。

妻子的父母家在一个名叫工厂街地区的高楼中。入口被锁住了,所以杉目请住在一层的朝鲜人让他进到院里,杉目终于实现了和妻子以及她的母亲、姐姐的重逢。并且,那天夜里,妻子她们向他详细讲述了 1945 年 8 月 9 日以后,哈尔滨和北满到底发生了什么。

第二天,杉目前往日本居留民会。因为是在哈尔滨残留日本人登记的地方,所以他认为那里的情报最为集中。

居留民会的会长说许多日本人被带到西伯利亚了,杉目第一次听到这个消息,日本外务省在那时候也没有掌握日本人被扣留的情报。

"日本成立了大陆撤退人员援护会,我们来是为了支援在满洲的日本人回国的。"杉目说,还把日本的现状告诉了他们。

能够看出他们脸上浮现出一丝放心的表情。日本居留民会各种谣言纷飞,"皇太子被带到美国""日本也和满洲一样饿死人"等等。如果是这样的话,就想留在这里,有这样想法的人占到了多数。

居留民会的会长对他说:"你去见见哈尔滨的国民党军官吧!"为了以后开展撤退工作,必须事先和地区握有实权的人物打招呼。战败后,哈尔滨在苏军统治下,批准开露天商店等人们的经济生活方面的事是由国民党掌管。杉目立刻前往,那个干部除了问他战败后日本人的情况之外，还询问了在广岛和长崎投下的原子弹的威力。

1946年3月，杉目到达哈尔滨大约两个月后，苏军决定从哈尔滨撤退。从这时开始，苏军开始在哈尔滨拼命购物。苏联虽说是战胜国，但国家饱受战争灾难，和本国相比还是哈尔滨的物资丰富。

由于苏军决定撤退，和金票（日元）、国币（"满洲国"元）共同流通的苏联军票会形同废纸，这种谣传也是让苏兵四处奔走购物的原因。

之后，苏军撤离，哈尔滨的行政权移交给中国国民党。但是，与八路军展开激烈战斗的国民党尽管得到了美国的军事援助，但仍然在和从南边逼近哈尔滨的八路军艰难战斗。

蒋介石加强了反共力度，1940年以后，国民党开始把攻击矛头从日军转向中国共产党。中国的知识分子和抗日青年被秘密警察送到强制收容所。由于审查制度的实行，1400种书籍、杂志被禁止发行。同时，国民党高级干部把美国支援国民党的流入物资通过黑市交易中饱私囊，党内纪律一片涣散，招致了国民的反抗。

驻哈尔滨的国民党干部接到八路军进攻的消息后，急忙坐飞机逃往长春。

随后，装备和服装寒酸的士兵们进城来了。也有的人脚上穿着"旭橡胶"短袜，这是哈尔滨学院学生在中国街"泥棒市"常用来换钱的东西。士兵们肩上挎着日军用过的三八式步枪，腿上粗粗地缠着两层绑腿，手里拿着手榴弹，在部队队尾也有挑着做饭用大铁锅的人。

他们斗志昂扬地唱着"没有共产党就没有新中国"，没有使用暴力和掠夺，仅用一天就控制了哈尔滨。杉目睁大眼睛看着八路军是如此严格遵守纪律，心里明白了日本在和中国的战争中失败的原因。

哈尔滨落到中国共产党手中之后，直至在哈尔滨的日本人能够回国的这段时间，杉目主要给从北满开拓地来到哈尔滨的日本难民介绍工作。但是，工作非常难找。苏军撤退后苏联国营企业相关人员来到这里，找到的工作也只是给他们干家务活而已。日本人一边一点点变卖家产，一边艰难地生活。同年7月，终于听到了中日两国签订日本人撤退协定的消息。

1946年9月，杉目他们迎来了回国的日子。

杉目和妻子、岳母、大姨子一同来到哈尔滨火车站，携带的物品经过了八路军的全面检查。检查官中有一半左右是高中生大小的女兵。因为可以携带的物品受限，站台上高高地堆放着牌位、照片、军队任免令、勋章等被没收的各种物品。

撤回专用列车一到，千名日本人40人一车厢，依次乘上有盖列车。因为把能穿的衣服都穿在身上了，所以他们的衣服都撑得圆鼓鼓的。全体人员一上火车，又长又大的撤回专用列车没有发出任何信号就缓缓开动了。

哈尔滨站是出国检查的第一关，第二天的第二关检查正等待着他们。

杉目等人在名为"第二松花江"的车站下了车。线路前方有一座架在松花江上的铁桥。以此为分界线，这一侧由中国共产党统治，那一侧由中国国民党统治。列车不允许过桥，日本乘客背着装满生活用品的行囊，步履沉重地走在铁道上。

在铁桥对面他们重新上了火车,然后又在长春下车,经过数日后才向上海方向前进。

这次的列车是无盖货车。深秋的满洲,风寒冷刺骨,时而还有冰雨打在疲惫不堪的人们身上。在数日的转移中,有很多身体虚弱的老人和年幼的孩子死在车箱里。在短暂的停车间隙,乘客们把遗体放到铁路旁,双手合十,然后继续前行。

自己在满洲干了些什么呢?

前行中杉目不停地问自己,但他没有找到答案。自己心中的理想和现在身处的现实落差过大,使他无法思考。

杉目一行人被送往位于上海西北方向洋面的葫芦岛,露出红褐色地表的山脉迎来了撤退人员,据说他们要从这里坐撤退船回国。

日本战败后,中国国民党和美国曾担心在满洲的日本人被中国共产党军和苏军征用,所以想方设法避免日本人将拥有的技术交给共产主义势力。为此,他们考虑必须尽快让日本人回国。

美国最初想让大连成为出海港,但因该地处在苏军势力下而放弃。美军把第二候选地定在了葫芦岛,派遣国民党的军队战士和武器,赶走了控制该岛的中国共产党。

从葫芦岛的撤退已经开始。美军名叫 LST(坦克登陆舰)的舰船从上海出港,前来葫芦岛迎接他们。船上悬挂着的太阳旗发出刺眼光芒的一瞬间,杉目和其他幸存者正如同金枪鱼一般横躺在撤回船的船底,到处都能听见痛苦的呕吐声。途中一有人死,尸体就会被抛入大海。在那里,喜悦和悲伤的感情已经不存在了。

葫芦岛的归国活动一直持续到 1948 年。从这里出海的日本人约 150 万,其中 105 万人从这个岛回到了日本。

第六章
内战中的日本人

在俄罗斯人经营的啤酒屋
休息放松的学院学生

战败后的第26期学生们

远去的回国列车

岛津朝美乘坐的应该也是杉目一行人所搭乘的归国列车。

那时岛津在蔬菜店派送蔬菜的同时,还在市内配送日本居留民会的日文报纸《哈尔滨日本人民会》。这是每周发行三次的对开报纸,主要内容是向遗留在哈尔滨的日本人提供招聘、房屋租赁等生活信息。当时遗留在哈尔滨的日本人超过 20 万,但被禁止播放日语广播。读《哈尔滨日本人民会》对当时在哈尔滨的日本人来说是宝贵的信息获取手段,同时该报纸的订阅费还是岛津等"梁山泊"学生的重要收入。

《哈尔滨日本人民会》也把在哈尔滨的日本人回国的决定作为头条消息刊登。当时实际控制哈尔滨的八路军干部发言称,撤回列车将运行数次,从 1946 年 9 月开始随时发往中国口岸。让老人、妇女、儿童还有家人都坐上回国列车后,岛津他们也开始考虑自己和"梁山泊"的每个人,出于把《哈尔滨日本人民会》认真发行到最后一期的强烈责任感,他们决定乘坐最后一天——9 月 18 日的列车,那是计划中的倒数第二趟回国列车。

岛津拿的行李很少,里面只有一些准备在路上充饥的食物。他在哈尔滨车站等待回国列车的到来。中国人民解放军让熙熙攘攘的日本人在长长的站台上排列整齐。

列车驶来,终于要回国了。在焦急等待上车信号时,八路军的士兵把日本人围起来,其中一个人用流利的日语说:

"你们中单身的请到左侧来。"

岛津等青年都出了队。士兵接着说:

"有家属的请上车。"

一直都是先让儿童和老人回国,可即便如此,现在仍能看到老人和孩子的身影。岛津站在队伍旁边看着一家家人上火车。这时士兵转向单身人员说:"请从车站内出来。"

"这是为什么?可能我们要坐最后一班回国列车吧?"岛津一边回头朝站台方向看,一边和其他年轻人一齐走出车站。

他们被带到车站附近旧浜野边小学的校园。被集中到那里的年轻日本人有四五百人。不快点返回站台,列车就要开了。大家都焦急万分。

等了一会儿,一个八路军干部带着日语翻译来了。"撤退列车已经全部出发。在长春和沈阳,国民党正在搜捕日本人。即便现在我们让你们出发,半路上你们也会被国民党带走回不了国。对我们而言,敌人的数量就会增加。"

从1946年7月开始,中国全面陷入内战。国民党改变了起初制订的日本人回国方针,把大约11000名日本人拉进了国民党军队。

日本接近战败的时候,蒋介石害怕苏军和八路军把包括满洲在内的中国本土连同日本都共产主义化,为避免发生这样的情况,蒋介石必须让日军迅速投降,交出武器弹药,用来和八路军作战。国民党承诺不报复日军,还会把日本人当作伙伴。为此,蒋介石于日本投降的8月15日,在面向全世界发表的《就抗战胜利告全国军民及全世界人士书》广播中,称"敌人是残暴的日本军队,而不是日本人民。"

与只有120多万兵力、装备是从日本军队抢夺来的陈旧武器的八路军相比,持有美国最新武器并拥有430万总兵力的国民党军队占有绝对优势,不仅如此,国民党还拼命强征日本人为士兵。所以要把单身人员留在这里,这就是八路军的想法。那位八路军干部说完"要把你们留用"之后,接着说:

"我们一定会打倒国民党,希望你们等一年再回国。"

到了这个地步说不能回国,岛津感觉腿都没了力气。

"希望你们能够协助我们。"

八路军干部继续说。意思就是让这些日本人成为对抗国民党的一支后方部队。

"如果有什么困难都请告诉我们,从今天起你们就是我们的'同志'了。"

八路军干部称,他们将住在哈尔滨日本总领事馆。在前往旧日本总领事馆的路上,经过哈尔滨火车站,那里现在十分安静,刚刚车站的喧闹如同谎言一般。

朝鲜义勇军的年轻部队

数日以后,国民党跨过哈尔滨东面的松花江,开始发动进攻。岛津等年轻日本人和八路军一同暂时退出哈尔滨,刚刚加入八路军,他们就实践了毛泽东的游击战术之一——敌进我退。部队从哈尔滨火车站出发,沿着铁路穿过通往满洲里的铁桥,横渡松花江,窥视着敌人的情况。

国民党的进攻好像是挑衅,数日后八路军一反击就马上撤退了。最后,部队在一周后返回到哈尔滨市内,留用日本人被分配到各个部队。

岛津等18名日本人被分配到的部队是统称为"朝鲜义勇军"的第三队(后又被称作东北民主联军第八团)。他们中的10人是在"梁山泊"共同生活过的哈尔滨学院学生。军队给每个日本人都发放了夏冬季的军装、外套和鞋,但是没有发刀和枪。

朝鲜义勇军的前身是东北抗日联军。东北抗日联军的士兵中有农民,"开拓团"的入侵抢走了他们的土地,关东军将其叫作"土匪",就是岸谷隆一郎做工作使其归顺的人。

朝鲜义勇军是只有朝鲜人的部队。在"满洲国"内的朝鲜人中,有作为日本帝国臣民努力推进日本化的朝鲜人,也有与中国人团结一致加入反满抗日斗争的朝鲜人。但朝鲜义勇军的主体是后者。

在日本统治下出生并成长起来的士兵都会说日语,听说岛津的管理员韩毕业于东京的专业学校,在"满洲国"时期从事地下抗日活动。

"请多关照。"

韩用流利的日语说。

"虽然我们一直在和日本打仗,但发动战争的是日本军阀,不是日本人民,所以朝鲜人民、中国人民、日本人民能够团结一致。"

在日本殖民统治朝鲜的问题上,岛津他们没有受到义勇军士兵的批评与责难。管理员韩说留用的日本人并非俘虏而是朋友。

在工作上他们尊重日本人的技术，信任日本人的努力付出，并叫岛津他们18个人为"イルボントム"（"同志"之意）。

朝鲜义勇军的生活对岛津来说是新鲜的。虽然每天吃的是高粱，但朝鲜人、中国人、日本人吃的都一样。而且每天都开反省会，这与其说是共产主义政治教育，不如说是用来解决日常问题的场合。

"听说你对某某说过这种话，如果真的想解决问题的话，是不是应该换个说话方式？"

在这样的谈话中没有上下级关系，没有上级军官的暴力。

岛津的任务是在八路军接管的木材加工厂作业和打扫马棚等，不加入对国民党的战斗，一到傍晚5点就立即停止工作。

有一次岛津听说日本共产党人野坂参三正从访问地莫斯科回延安，接受了莫斯科共产国际总部下达的《对日宣抚工作》的指令，就是将日本共产主义化的作战计划。一个貌似野坂部下的日本人带领八路军士兵来到哈尔滨，却对留用日本人非常蔑视，这让岛津感到不快。

在岛津看来，中国共产党或是国民党无论哪边胜利都好，他只是想回到日本。不管韩怎么热情宣讲中国革命的意义和当前的政治形势，留用的年轻日本人都是左耳进右耳出。

对此韩心生一计。一次韩带来了蜡版的日语版教科书，上面记载着从古代经过封建社会到资本主义社会、社会主义社会的历史。因为以日本的情况为背景，所以岛津他们对此有种亲切感。

听说叫作《政治教科书》的这本教材是一个被八路军俘虏、后升任中国共产党干部的日本人编写的。岛津在使用这本教材坚持学习期间，逐渐对中国共产党产生了感情。之后，岛津加入了由教材作者号召成立的"日本民主青年同盟"这一团体。

不被聘用的归国者

当时日本是什么情况呢？

1946年1月，天皇发表了《人间宣言》。

"朕与尔等国民之间的纽带，始终由彼此之信赖和敬爱所结成，而非仅依神话和传说而生。"

战前和战时被崇拜为现代人世间神的裕仁天皇在诏书中自己否定了把天皇当作神。

1945年天皇首次会见了联合国军最高司令部（CHQ）总司令道格拉斯·麦克阿瑟。据说，当时天皇对麦克阿瑟说："我一直在极力避免战争的发生，但是最后还是陷入开战的无奈，对此深表遗憾，身为一国之君责任在我。"然而实际上这一发言没有正式记载，裕仁天皇的态度使麦克阿瑟深受感动的传言是不是事实也并不清楚。

但是，麦克阿瑟认为，让裕仁天皇发挥对日本国民民主化的引导作用是很明智的，并针对《人间宣言》发表了《欢迎声明》。天皇的形象从战争的象征向民主的象征转变，同时，以天皇的权威为后盾，联合国军巩固了自身的权力，这些也正是麦克阿瑟的想法。从那之后，天皇和麦克阿瑟实现了11次会见，逐渐塑造起战后日本的原形。

另一方面，CHQ逮捕了东条英机、松冈洋右等涉嫌战犯，并将20万军国主义者开除公职。1946年5月，远东国际军事法庭（东京国际军事法庭)在东京拉开了审判日本战犯的帷幕,东条英机、松冈洋右等28人作为甲级战犯受到起诉(除两个被告于审判期间因自然因素死亡外,7人被判处死刑)。1946年11月3日,日本政府颁布了日本宪法(第二年5月3日起施行)。

紧接着12月5日,从库页岛驶来的载着约1900名归国者的第一班船进入函馆。三天后,从俄罗斯远东港纳霍德卡出港,搭载着滞留在西伯利亚的5000人的归国船到达了京都舞鹤。

"这样的话,还不如当初就留在满洲。"在佐世保港口的哈尔滨学院第25期学生久保久和小声嘟囔着。久保的父亲是满洲铁路职员,久保少年时期辗转在满洲各地。战败后,久保给一名在哈尔滨铁路局担任局长的苏联军官担任日俄翻译。1947年11月苏联撤退后,他搭乘"日章丸"号货船到达九州长崎,但没有立即被批准上岸。

听说是因为防疫检查,但是并没有什么进行检查的迹象。并且港口向其他船员提供米饭、蔬菜、鱼等食物,久保却只有漂着几片番薯叶的酱油汁和几乎全是汤的粥。

这是同胞的待遇?

他在船上等了两个半月。需要这么长的时间是因为美军和日本政府心存戒备,担心复员士兵变成了共产主义支持者。

在西伯利亚收容所,苏联共产党对日本人进行了彻底的启蒙运动影响,曾有复员士兵一回国就立即游行示威,有的还没见亲属就直接去了东京代代木的日本共产党总部。因为能从苏联回来的人,都曾是收容所里的优等生。在纳霍德卡港口被念到名字的人才允许登船,而被苏联当局贴上"反动""战犯"标签的人不允许上船,他们只能看着同伴们回国。

久保回国后三年,被扣留在西伯利亚的同期学生小川之夫从纳霍德卡乘船,经过一天多的航行,走下京都的舞鹤港。身穿旧日军冬装和外套,戴着苏军防寒帽的小川,没有被批准和前来迎接的家人面谈,就被带到了归国拥护局。在那里,为了驱虱他头上被撒满DDT粉,工作人员还让他赤裸走过消毒槽,之后给他前后左右拍照、按压双手指纹,这简直是犯人的待遇。

随后他等待着CIA的询问。原哈尔滨学院的学生都精通俄语,他们被怀疑是作为苏联间谍而回国。小川说明他被送往的是东西伯利亚一个叫"卡斯托玛罗布"的贫穷村庄,在所属的998人大队修建从贝加尔地区延伸的贝加尔—阿穆尔铁路干线。这是被称作"第二西伯利亚铁路"的西伯利亚铁路线支线。小川将苏联收容所的位置、作业内容、苏联军事、产业设施、铁路、发电所、桥梁等情况向表示对此十分关心的CIA进行了详细说明后,被批准正式回国。

胡麻本莺是学院第2期学生,毕业后他去到库页岛矿业公司工作,后又到哈尔滨学院任俄语教授。当他被解除西伯利亚扣押的时候,KGB(苏联国家安全委员会)工作人员命令:

"如果回国的话你就去东京外国语大学就职,激烈发表反苏联言论,争取获得美军的信任。然后借此刺探美军的内部情报,定期向前去拜访你的俄国人报告。"

工作人员还教胡麻本莺暗语,胡麻本莺成为双重间谍。但是胡麻本莺回国后并没有到东京大学任教,而是到爱知大学当老师。在此期间KGB的特工没有接近他,他反倒被CIA跟踪过。

此外，第 6 期学生原田一三由于英语水平也很高，在英联邦五国军占领下的故乡广岛吴市为澳大利亚军队做翻译。但是半年后他被叫到 CHQ 民间情报部，被告知他被解雇了。原因是他曾学过俄语。据说当时大部分哈尔滨学院毕业学生都被记录在美国占领军的黑名单上。

在日本民主青年同盟的日子

整个中国的内战仍在继续。

1948 年 4 月，以哈尔滨为根据地的朝鲜义勇军同中国人民解放军共同南下追击国民党。这就是游击战术的第四点"敌退我进"。

八路军被正式编入人民解放军。

在人民解放军进攻长春的时候，韩问日本成员：

"你们是想同义勇军一起前往长春？还是留在哈尔滨？如果留在哈尔滨就是退伍，你们将作为日本民主青年同盟（日民青）的一员开展活动。"

日民青是中国共产党的下级组织。岛津决定留在哈尔滨。因为即使作为义勇军从军，人民解放军原则上不让日本人参加战斗，岛津认为自己能做的事情太少了。

从朝鲜义勇军退伍的岛津决定到在哈尔滨学院时期去过的一家位于傅家甸的树脂材质器皿制造工厂工作。在那里有的遗留日本人成为工厂职工，生产出来的器皿供给解放军。此外，岛津在哈尔滨市内到处走动，从当地中国人那里收集信息，为没有工作的遗留日本人介绍建设、种地和食物配送等工作。工厂的工作结束后岛津会去参加日本居留民会，或者参加在日本人集中营（难民收容所）举办的日民青政治学习会。

井上在日本民主青年同盟与岛津关系很好，朝鲜义勇军离开哈尔滨大约一个月后，他邀请岛津一同去奉天（沈阳）。战前，井上由于参加非法反战运动而被放逐到满洲，之后在"满洲国"被再次逮捕，又在沈阳的监狱中迎来了日本的战败。他是一个有着这样经历的人，深受人民解放军的信赖。

但是，沈阳处于国民党的控制下。

"奉天（沈阳）即将沦陷，它是中国东北地区最大的城市。以前有15万日本人，现在有多少人还不清楚。你不来和我一起帮助日本人吗？"

所谓的帮助就是商量生活方面的问题，还有进行政治学习。井上对岛津说"奉天（沈阳）也需要你的一臂之力"，于是岛津决定和井上一同前往沈阳。同行的还有两名在沈阳出生的20岁的日本青年。四人乘坐的夜间列车绕开长春，驶向中国东北东部吉林方向。听说在长春，人民解放军同国民党的战争仍在继续。他们在警惕国民党战机的轰炸中前行。

他们从吉林靠步行和乘坐货物列车来到了战火纷飞的沈阳。在巷战中，枪弹无情地飞入房屋，日本人堆起高高的被子屏住呼吸躲在壁橱里。

穿着东北人民政府藏青色制服的岛津等人成了国民党军的目标。人民解放军将岛津他们带到了沈阳郊外的一座水泥建筑物内，与外界隔离。这个空间非常坚固，即使受到外边的炮击也只是会稍有颤动。

190

在内战中日本人之间也存在着对立。在战场上解放军一方的日本人拿着扬声器喊"要建立和平的中国,你们快投降!"而被国民党留用的日本人则怒吼"你们还算是日本人吗?"这样的场面经常发生,但是在沈阳的国民党一方的日本人忠诚淡泊。看到国民党军官,发现战况不利,就立马脱下军装,装扮成农民离开战场的日本人,即使接过国民党递过来的武器,大多也只是待在那里静候战斗的结束。

两天后人民解放军用美国制造的行李车来迎接岛津他们,行李车是战败逃跑的国民党留下来的。坐上行李车的岛津等人暂且被安排到中国人的住所,解放军希望他们在沈阳治安稳定前住在这里。但是一连四五天也没有得到解放军的消息,等得不耐烦的四个人跑去了旧日本人大街。一路上看到不少原国民党士兵。井上说估计是投降后接受政治教育的人。

旧日本人大街已经没有日本人了。岛津和井上在偶然走进的一个杂货店里商量着在这偌大的沈阳如何寻找遗留日本人的时候,来店的一位客人问他们:"你们是日本人吗?"那人接着说:"你们穿着东北人民政府的制服,所以没有想到是日本人。"

他们从那个爽朗的男人那里得知,住在沈阳的日本人大多数已经回国了,从长春逃出来却没能回国而滞留在沈阳的日本人有数百人。负责聚拢这些滞留日本人的是一名叫冈部的医生,找到他或许能了解一些情况。

岛津和井上让这个男人把他们带到了冈部医生家。那里有数十名日本人,一开始他们对身穿中国人民解放军军装的日本人表现出明显的戒备,但是消除戒备后就告诉岛津和井上:"在沈阳侨居的日本人大多数已经回国了""近来从长春来的日本人都在集中营""在沈阳有日本居留民会事务所"。于是岛津他们马上前往集中营，对集中在那里的数百名日本人说：

"虽然人民解放军赶走了国民党，控制了奉天（沈阳），但是中国还处于共产党和国民党交战的状态，因此还是无法回国。所以在回国前的这段时间，找个工作维持生活吧。"

随着人民解放军逐步控制中国各地，遗留日本人回国的日子确实也临近了，但究竟是什么时候还不清楚。"无论如何也要坚持到回国的那天"，出于这种想法，岛津四处去寻找工厂和店铺的活计。

在煤城的任务

转年进入1949年（昭和二十四年），国共内战的战场南移。1月北平（现北京）和天津被人民解放军掌控，4月国民政府所在地南京被攻破。人民解放军的势力越过长江，到达上海。东北人民政府将中国东北地区的中心从哈尔滨转移到沈阳，并在那里建立了东北日本人管理委员会（日管委）。这是为滞留中国的日本人回国做准备。岛津进入日管委工作，在有日本留学经验的赵安博主任手下从事聚拢滞留中国的日本人的工作。

不久就听到了将有大连开往日本的回国船的通知。每艘船可乘坐2000人，必须优先让身患疾病和生活贫困的人上船。岛津与东北各地的日管委取得联系，让他们提供人选。

不久，来自哈尔滨、齐齐哈尔、牡丹江等地的日本人陆续聚集到沈阳，登上了由沈阳开往大连的列车。岛津在站台目送满怀欣喜的回国人员,那时是炎热的 7 月。距本应在哈尔滨站坐上回国的列车却被八路军阻止时,已经过去了三年。岛津一边在站台上挥手,一边想着自己迟早也会坐上回国的列车。但是到了现在,那种无论如何一定要回国的想法已经变得没那么强烈了。他太自负,觉得在这里还有工作必须要做。果然,他有了新的任务。

岛津被派往距离沈阳 1000 公里的中苏边境附近一个叫凤山的煤矿。工作是对在那里工作的日本人进行生活指导和政治教育。据说在那些日本人中还有原关东军士兵。20 岁的原哈尔滨学院学生教育原关东军士兵,这局面同"满洲国"时期截然相反。

9 月岛津去了松江省政府,在那里拿到公事通行证,坐上了开往梨树镇的慢行列车。到达梨树镇车站后乘坐的是人民解放军的卡车。一路上道路泥泞,没有人烟,尽是灌木和杂草。

凤山煤矿总部是一个一百米见方的小村落,只有木造房屋环绕着土墙的农家。在煤矿工作的日本人连同他们的家属约有 70 人。其中一半是总部的医生、技师、事务员、商店经营者,其余的一半在距离本部 4000 米的煤矿现场工作。住在现场的集体宿舍中的工人大多是原关东军士兵。

岛津去了集体宿舍,那是个时而能听见狼嚎的地方。从本部步行到煤矿现场需要打着火把。起初现场的工人斜眼看着岛津,好像在说:"你小子是来干吗的?"但当岛津说明他们迟早能够回国,可以往日本寄信后,他们的表情立刻缓和下来。每天工作结束后参加政治学习的人也渐渐多了起来。

岛津在凤山煤矿停留了九十个月。后来煤炭被挖掘开采尽了,煤矿封井,岛津接到了返回沈阳的命令。在小小的煤城,岛津日夜从事教育原日本士兵的工作,他全然不知1949年(昭和二十四年)10月1日,毛泽东在聚集30万人的天安门广场宣布中华人民共和国成立的消息。

北京迎来了人民解放军,道路两旁人山人海,人们高声欢呼。年轻的女学生走上大街,唱起庆祝解放的歌曲,开始是结伴而行的小团体、接着中年工人也加入其中,他们组成的圆不断扩大,最后形成了一个占满整条大马路的大圆圈。

编队飞行的飞行部队飞过天安门广场上空。对于被迫与日军以及国民党军的战斗机展开激战的人民解放军来说,拥有自己的空军是一大愿望。实现这一愿望的是以原关东军第二航空团林弥一郎为中心的老飞行员和教官团队。是他们这些被共产党留用的日本人将八路军士兵培养成独立的飞行员。

国民党在同年年末逃到台湾,把行政部门设到那里。

回到沈阳的岛津再次到日管委工作,负责处理东北地区25000—30000名日本人回国的工作。同时,岛津也负责日管委下级组织民主新闻社的运营工作,除了每周发行两次的《民主报》外,还发行月刊和单行本。此外,新中国成立之后可以往日本汇钱,因此岛津还负责为滞留的日本人代为保管金钱并汇出。岛津自己也将在煤矿时的工资汇入东京父母的户头。他的工资比普通中国劳动者的要多,所以有富余。

朝鲜战争和回国

新中国成立不到一年,1950年(昭和二十五年)6月25日,在朝鲜半岛爆发了南北朝鲜之间的战争。

　　日本战败后，1948年（昭和二十三年）8月15日大韩民国（韩国）成立，同年9月9日朝鲜民主主义人民共和国（朝鲜）成立，就此朝鲜半岛分成南北两部分。南边被纳入以美国为中心的资本主义阵营，北边被纳入以苏联为中心的社会主义阵营，以北纬38°作为国界线。

　　最先突破三八线的是朝鲜军队。在10万大军南下的同时，游击队从韩国东侧沿岸地区登陆。突然袭击使得韩国全线崩溃，在朝鲜发起进攻仅仅三天之后的6月28日，首尔沦陷。

　　面对朝鲜的进攻，美军开始大力援助韩国。驻日盟军总司令麦克阿瑟来到朝鲜半岛，与韩国约定，由美国援助韩国。从日本出击的B29编队，对被朝鲜所占领的首尔金浦机场进行了轰炸。联合国也对朝鲜的侵略行为发出了谴责声明，并组成了以美军250000人为主力的"联合国军"。

　　岛津曾经所属的人民解放军朝鲜义勇军也加入了朝鲜军队。从哈尔滨与义勇军一同前往长春的日本青年们在那里退伍了，但是作为日本人的指导员的韩却死在了朝鲜半岛的战场上。

　　在倡导放弃战争的日本宪法施行三年零两个月后，在施政方针演说上讲到"没有军备才能保障日本的安全"的吉田茂首相，在1950年7月4日，以"行政措施范围内"为条件，确立了（在有限范围内）协助美军的政府方针。

　　同年秋天，岛津在太原街这条沈阳的城市主干道上见到很多朝鲜士兵。他们是被联合国军追赶，跨过鸭绿江逃到中国东北中心地带的。

　　沈阳掀起了宣扬由中国人民组成志愿军支援朝鲜的"抗美援朝运动"。很多中国青年志愿加入志愿军，滞留的日本人中也有人

申请加入。岛津也有这样的思想准备。虽然没有上过前线,但他也是原朝鲜义勇军的士兵。可是来自人民解放军干部的答复却是:

"这场战争是中国的问题。虽然理解你们的心情,但是我们不想麻烦外国人,也不想接受外国人的援助。"

听到这样的话,岛津第一次感受到了与人民解放军间的隔阂。"这场战争是中国的问题",原以为这五年自己一直是人民解放军的一员,实际上却只不过是个外人而已。

可是也有日本人参加了"抗美援朝运动"并去了朝鲜半岛,岛津却滞留在沈阳。

12月2日,朝鲜向中国提出了援助请求。面对越过三八线北上进击的联合国军,政务院总理周恩来做出了向前线派兵20万、总计投入兵力百万的决定。战争形势扭转。

12月末,回国船再次从中国出发开往日本。由于中国和日本两国没有建交,日本的红十字会、日中友好协会,以及中国的红十字会成为遗留日本人回国问题的交涉窗口。

25000—30000名遗留日本人的大迁移就此开始了。

日管委的日本人为了做有关回国问题的报告跑遍了东北各地。岛津去的地方有鹤岗、牡丹江、长春。在鹤岗,岛津借用了当地的剧院,站在在当地煤矿工作的近2000名日本人面前宣讲。当宣布了回国的通知后,人们的欢呼声响彻剧场。在长春,岛津去了原满洲映画协会,战后改名为东北电影制片厂,在影棚内他见到了导演内田吐梦。内田在战败后留在这里指导中国人的电影制作。

虽然大多数日本人在听到回国的通知后都很开心欣慰,但是那些和中国人结婚、组建家庭的女性却悲伤地摇着头。在满蒙"开拓团"被苏军追打时成为中国人妻子的女人,以及被留在中国家庭里的遗孤多达两万人。

岛津回到沈阳后,一直和日管委的日本人探讨回国的问题。据说东北人民政府要在日本人回国后解散日管委和民主新闻社,所以要求工作人员在回国和进入中国大学学习中做出选择。岛津一时没了主意。虽然父母在信中表示希望他早日回国,但是他觉得留在中国的大学里学习也不错。

这时岛津在沈阳的书店里看见了日本岩波书店的俄日词典。岛津想,虽然中文提高了很多,但是俄语几乎忘得差不多了,借此机会从头开始学俄语吧。于是岛津找出在哈尔滨学院学习时的教材,每晚都坐在书桌前背记俄语单词。

岛津最后选择了回国。在日管委的日本人中也有人选择到北京、重庆、上海的大学学习。

作为饯行礼,东北人民政府向选择归国的日本人支付了数月工资之多的退职金,并且他们可以将手中的国债券兑换成现金。

1953年(昭和28年)7月底,岛津坐上了从沈阳开往上海的长途列车。到达上海用了四五天时间,火车没有经过北京而是经由天津向南。

在数千名日本人中,日管委等人民解放军下属单位的日本人乘坐的是特别列车。在出发后的第三天列车到了徐州站,在那里站员向岛津他们这些"帮助中国建设的日本人"发放西瓜。站员称这是送给日本朋友的礼物。周恩来总理指示"不要疏忽协助解放战争的日本人",并要求做好所有安排。

周恩来总理说道:"我们十分感谢这些日本人。他们作为医生、护士、技术人员参加解放战争。这让我更加确信,我们将来一定能够和日本人民友好合作。"

火车到达长江北岸,岛津他们在那里换乘摆渡船。他们渡过像大海一样的长江,到达了南京的郊外。岛津一行人从专用码头登上火车。原国民党政府所在地南京城的周围是高高的城墙,火车沿着城墙前行。

随着火车驶近上海,能感觉到风景也在发生变化。从车窗可以看到遍地的水渠和农田里赶着牛拉犁的农民的身影。在一直生活在干燥的中国东北地区的岛津眼里,这简直是另一个世界。

从沈阳出发五天后到达了上海。上海是一个光彩华丽的城市。和东北地区大家清一色穿着藏青色衣服形成对比,上海人穿着开襟短袖、短裙,颜色也都很鲜亮。但是语言不通,在街上和岛津说话的上海人听了岛津说的中文后问道:"你是北京来的吧?"

回国的船启程前,中国方面每晚在宿舍为日本人提供地道的中国菜肴。为上千人做饭也是相当劳神费力的。

终于,归国船"高砂丸"驶进了上海港口。在中国的海关,岛津他们几乎是自由通过。书还有衣服都可以带上船。登上扶梯进入船舱,船长以及红十字会代表说道"欢迎回国!""辛苦了!"出航的铜锣敲响,船内响起了《荧光曲》(苏格兰民谣)。到达满洲已经八年了,岛津终于结束了他的大陆生活。

朝鲜半岛方面,同年7月27日,联合国军同朝鲜军队在板门店缔结了停战协定。整个朝鲜半岛基本化为焦土,两军战死人数约400万。其中,牺牲的普通市民有100万到200万人,家人南北离散的多达1000万人。

日本因朝鲜战争时美国政府的采购，出现了经济不景气的状况。战时日本作为联合国军的前线基地，运送弹药和粮食，照料伤员，修理和整备武器。在门司港口的中央码头停靠着好几艘巨大的美国运输船，船上满是战车、装甲车以及木箱，24小时不间断地向朝鲜半岛运输。

这是日本经济朝着快速增长开始的一段助跑。这一年的12月31日，电视上首次直播了NHK在东京有乐町日剧大厅举行的红白歌会。

原野上已经没有了八年前被战火焚烧的痕迹，岛津许久后踏上的祖国土地发生了很大变化。

"那时我想参加日本革命所以回国了。但是先行回国的哈尔滨学院前辈劝我'先好好休息，冷静一下'，还说'你在哈尔滨学院只学习了几个月，也没能够好好地学习，你就当是被骗了，去考外语吧！'"岛津朝美在墨田区自己的家中这样说道。

回国后，岛津听从了前辈的劝告，报考了东京外国语大学的俄语系，并合格了。1954年（昭和二十九年）岛津又一次成为了学生。

第二年3月，哈尔滨学院俄语讲师波多斯塔维娜到上智大学任教。

战后，侨居满洲的白俄人被自动授予苏联国籍，大多回国了，但是她留在了哈尔滨。作为"无国籍人士"和被贴上"对日合作人士"标签的波多斯塔维娜，无法找到正式工作。她决定移居美国，在中途来到了日本。在东京经过她在哈尔滨学院教过的学生的推荐而留在了日本，在上智大学俄语系再一次开始从事教授日本人俄语的工作。

第七章
大陆通商的现实

从满洲撤退的轮船

波多斯塔维娜女士

对苏贸易的排头兵

1949年,继朝鲜半岛于前一年分裂之后,德国分为东西两部分。同年11月,资本主义阵营成立了旨在限制向东方出口军事技术或可能转用于军事技术之技术的机构——巴黎统筹委员会(对社会主义国家出口管制委员会,简称"COCOM")。东西方之间的对立尖锐化。

1951年9月,旧金山和会召开。美国急于对日媾和,以便将日本拉入己方阵营。天皇也担忧共产主义势力越过朝鲜半岛危及自己的地位,于是加强了与麦克阿瑟的合作。

1952年1月,美国国务卿杜勒斯在国会上阐述对日政策时称:"要把日本作为反共战略的一个元素。"4月,《旧金山和约》在以美国为首的原同盟国48国之间生效,同时废除远东委员会、对日理事会、驻日联合国军最高司令部等机构。

日本政府内部对于选择与美国媾和还是与包括中国、苏联在内的全体参战国媾和存在对立。自由党的吉田茂首相选择了前者,日本全权代表团与48国之间缔结了和约(《旧金山和约》)。之后,日本开始重整军备,解除公职,允许使用旧财阀名称。

苏联没有在美国主导的《旧金山和约》上签字。因此,在国际法上,日苏之间的桦太岛(库页岛)与千岛群岛(俄称"库里尔群岛")没有明确究竟归属何方。特别是在择捉、国后、色丹、齿舞等北方四岛是否归属日本的问题上，日苏两国有着不同的解释。日本政府主张"北方四岛是日本的固有领土"，苏联政府主张"北方四岛也包含在库里尔群岛内"，双方各不相让。

1953年3月5日，斯大林去世。9月14日，尼基塔·赫鲁晓夫就任苏联共产党第一书记。他后来成为苏联部长会议主席，在苏联共产党代表大会上披露了斯大林时代对很多无辜的共产党领导人进行了"大清洗"的事实。赫鲁晓夫的上台使得美苏间的紧张气氛出现了缓和。

翌年12月，日本吉田内阁总辞职，鸠山一郎内阁诞生。与吉田茂的亲美反共姿态相对，主张自由外交的鸠山于1955年1月接受了苏联驻日临时通商代表多姆尼茨基提交的要求邦交正常化的照会，自6月起在伦敦开始了预谈判。称《旧金山和约》为片面媾和，批评吉田外交追随美国的鸠山将目标指向加入联合国。鸠山的想法是：成为联合国成员后，日本就可以名副其实地重返国际社会，但是如果联合国常任理事国苏联反对，这个目标就无法达成，因此日本必须尽早结束与苏联间的战争状态。

1956年10月，鸠山访问莫斯科，与苏联部长会议主席布尔加宁签署了《关于日苏恢复邦交的共同宣言》(《日苏共同宣言》)。《日苏共同宣言》的内容是：①结束战争状态；②恢复外交关系；③确认《联合国宪章》各原则；④苏联支持日本加入联合国；⑤早日遣返被扣留在苏联的日本人；⑥苏联放弃对日索赔权；⑦早日开始进行关于《通商条约》与《贸易协定》的谈判；⑧进行日苏渔业谈判；⑨继续进行关于缔结日苏和平条约的谈判。上述⑦关于《通商条约》与《贸易协定》的谈判（日苏通商谈判）自1957年9月起在东京进行，同年12月签署了条约。

翌年5月9日，日苏在莫斯科交换批准文书，《通商条约》生效。日苏间的贸易由此成为可能。战后不久，两国在政府基础上曾进行过日本向苏联提供木质船、铁道车辆，苏联向日本提供桦太炭的经济交流，但是随着美苏对立的加深，日苏两国间的经济交流被迫中断。而关于上述⑨即日苏和平条约一项，苏联的考虑是在条约缔结后将齿舞群岛以及色丹岛归还日本（而非"北方四岛"），其后两国的谈判因双方各持己见而毫无进展。

岛津朝美在《通商条约》与《贸易协定》生效的1958年从东京外国语大学毕业。同年7月，岛津入职日本海贸易株式会社。该社由大型商社丸红持股50%，专门从事对苏贸易。成立该社的是哈尔滨学院第3期学生野口芳雄。野口1925年毕业后进入外务省，后来作为俄语专业人员在为鸠山一郎访苏而设立的事务局工作，然后又在《日苏通商条约》缔结后转入经济界发展。第15期学生河西武等人也加入了日本海贸易株式会社。

朝鲜战争结束后，日本经济界将目光投向了新的贸易对象国——苏联。

在专门从事对苏贸易的进展实业、东方物产、相互贸易、东邦商会等商社，有很多原哈尔滨学院学生入职，承揽日本政府的项目，进口桦太炭或向桦太出口木质船、客车等。但另一方面，大型商社并不想在明面上从事对苏商务。因为出口机床时，如果该技术被视为可能转用于军事，就会违反对社会主义国家出口管制规定，那意味着将与最大贸易伙伴美国的关系恶化。

尽管如此，经济界却不能对与苏联这个横跨亚欧大陆的国家进行贸易的巨大商机视而不见。于是他们想到了影子商社。三井物产、三菱商事、丸红、住友商事等商社分别设立了专门从事对苏贸易的商社（三菱商事麾下的明和产业兼营对苏与对中贸易），通过这些商社开展商贸活动。

举例来说，日本海贸易的岛津是对苏贸易的排头兵。他入职伊始就与日本的木材商一起来到了阿穆尔河（黑龙江）下游的马格（音）、拉扎列夫两个港口。日本海贸易与苏联之间签有十万立方米的原木进口合同，因此岛津去那里做原木装载到日本轮船上时的收货见证人。

拉扎列夫港位于萨哈林与大陆之间的间宫海峡（俄称"鞑靼海峡"）的北纬53度。距离萨哈林七公里多，冬季海面结冰之时汽车可以通行往来。岛津自新潟港乘坐装载量2500吨的"幸岛丸"船出发，船向拉扎列夫港驶去，历经三日航海到达拉扎列夫港。

船到拉扎列夫，苏联的引航员登上了"幸岛丸"。这艘船将在马格装载半船木材，在拉扎列夫再装载半船木材，因此必须先去位于内地的马格。在引航员的指示下，"幸岛丸"沿阿穆尔河（黑龙江）逆流而上又航行了半日。

马格港是沿阿穆尔河（黑龙江）逆流而上约一百公里处的一个河港。阿穆尔河（黑龙江）冬季河面结冰，因此马格是个仅在夏季木材出口之时才会热闹起来的港口小镇。船在港口停下抛锚后，苏联的国境警备队、海关、船舶代理店的人员依次登上船来，开始办理入境手续。办理这些手续大约需要一小时，然后一位男性——全苏木材出口公司马格分部代表来到船上。

苏联的对外贸易由各行业的国营公司承担。这时轮到岛津出场了。必须用俄语与对方交涉。表情紧张的岛津与对方握了握手,那个板着脸的男性却用流畅得令岛津泄气的日语寒暄起来。谢尔盖·伊万诺维奇·齐莫弗耶夫,据说是毕业于长崎高等商业学校的原白俄人。1907 年 3 月,在日俄战争中败北的俄国兴起了第一次革命,很多流亡革命家、犹太人聚集到长崎。齐莫弗耶夫是他们的下一代。

"现在我和家人住在马格这里。"

于是事情就成了齐莫弗耶夫向在远东从事木材收购工作的岛津传授一些实用俄语以及木材贸易专用语。

"那是我进入商社后首次与俄罗斯人打交道。那之前都只是头脑中想象的俄罗斯。"

在位于墨田区的家里,岛津朝美语调平稳地回忆着当年。

《日苏通商条约》缔结后,一些独立的中小商社也果断地进入了苏联市场。杉原千亩作为这种商社之一的川上贸易的莫斯科事务所代表,于 1960 年入职这家公司。

1940 年,在立陶宛的维尔纽斯,在给大约 6000 名犹太人发放了日本的过境签证后,杉原开始担任日本驻哥尼斯堡代理总领事。然后又经过日本驻土耳其大使馆的工作后,在罗马尼亚首都布加勒斯特的日本大使馆中迎来了日本战败。杉原被占领罗马尼亚的苏军带走,关押在布加勒斯特郊外的苏联收容所,1946 年 11 月被释放,踏上归国的旅途。

等待杉原的是外务省以"依照本人意愿批准离职"的形式发出的解雇通知。理由是向犹太人发放签证违反了外务省的命令。

但其实另有缘由。

外务省迫于形势必须裁员。战败后的日本被停止了外交权，并且驻外使领馆撤回了很多大使、公使、秘书等外交官，外务省没有职位可供安置。当时掌握外务省实权的是日美开战时延误了对美宣战布告的打印而使日本大大丢脸的驻美大使馆秘书（参见附注），以及没有处罚他的参赞。在美军解除对日本占领的前后，这位参赞和这位秘书分别当上了事务次官（副部长）。也就是说，这些给了美国"因日本偷袭珍珠港而报复日本"这一冠冕堂皇的借口，在苏德开战后，又专门向外务省不断报送有利于德国方面的情报，以致误导日本政府的责任者们未受任何惩处地留任外务省；而不断从一线报送真实情报的杉原却离职了。

杉原于 1947 年 6 月从外务省离职，其后当过东京 PX（美军基地内的小卖店）的经理，又在 NHK 国际局工作过一段时间，最后受邀加入筹划设立莫斯科事务所的川上贸易。他设立了莫斯科事务所，就任事务所长，在川上贸易被蝶理株式会社吸收合并后依然担任事务所长，1965 年成为国际交易株式会社莫斯科分公司的代表。他为日本企业驻莫斯科分支机构的建立而四处奔走。

这些都发生在"挽救了 6000 名犹太人性命的签证"被世界所了解之前。

（附注：珍珠港事件发生之前，日本驻美大使从日本外务省获得了一封很长的电报，并受令在袭击前将它递交给美国国务卿。但日本大使馆人员未能及时解码和打印这篇很长的国书，最后这篇宣战布告在袭击后才递交给美国。）

东亚同文书院的遗产

在始自影子商社、独立商社等的日本对苏贸易即将进入新阶段的时候,1961年8月,"苏联工商业商品交易会"在东京晴海开幕。苏联部长会议第一副主席米高扬在开幕式上说:"日苏贸易额在数年之内将会达到10亿美元。"米高扬甚至向神户制钢所推销交易会上展出的苏制机床,热忱的营销态度使他获得了"红色推销员"的称号。与此相呼应,日苏东欧贸易会(1953年成立)与日本国际贸易促进协会联合访苏代表团的气势也十分高涨。

日苏东欧贸易会会长北村德太郎,1886年生于京都,战前与战争中时期主要活跃在金融界,战后转行进入政界。北村与陪同鸠山一郎访苏的河野一郎关系密切,从政界隐退后成为商社抱团设立的日苏东欧贸易会的会长,致力于改善与社会主义国家的关系。承担辅佐北村任务的是佐藤休,哈尔滨学院第9期学生。

日本国际贸易促进协会会长山本熊一,1889年生于山口县,在设立于上海的东亚同文书院学习中文后,入职外务省,直到官至事务次官。山本是本书第二章提到的战争时期意图推进中日战争不扩大方针的原外务省东亚局长石射猪太郎的师弟。

与哈尔滨学院一样,随着中日关系的恶化,东亚同文书院也被中国方面视为日本军国主义的排头兵。1937年11月,同文书院的一所校舍甚至被中国军队纵火焚烧,建筑物与85000册书籍一同化为灰烬。在日本方面,东亚同文书院因被视为培养了大量对华合作人员的教育机构而备受怀疑,其遭遇如同双重间谍。

战败后,东亚同文书院的学生主要被用于中国军队接收日本军备物资时中日之间的翻译。并且东亚同文书院的学生享受见习军官的优待。他们因为战败才获得了使用实务中文的机会。

东亚同文书院的历史超过哈尔滨学院20年,其毕业生超过了五千人。这其中产生了在战后致力于改善中日关系的优秀人物。

山本熊一历任大东亚省次官等职,在日本驻泰国大使的任上迎来了日本战败。战后被开除公职后,就任经济界成员组成的中日贸易促进会常任议长。

1949年,中华人民共和国成立后,日本中日贸易促进会与中日贸易促进议员联盟成立,开始了日本与中国之间的贸易。与日苏贸易一样,日中贸易也是以商社的影子公司为窗口得以推进。致力于促进日中贸易的鸠山一郎内阁的诞生,使得中国贸易代表团的访日在1955年得以实现。在此之前,除了中日贸易促进会以外,日本国际贸易促进协会作为统合其他经济团体的组织而成立,山本就任该协会的会长。

与中国进行贸易并非易事,从"长崎国旗事件"可见一斑。1958年5月2日,右翼团体的两名男子来到日中友好协会主办的"中国邮票暨剪纸展览会"会场,扯下了会场上悬挂的中华人民共和国的五星红旗,据说理由是日本承认的是"中华民国"。针对这一行为,当时的岸信介内阁对他们处以罚款后释放了他们,中华人民共和国进行了抵制,停止了其后两年半时间的对日贸易。

中断与中华人民共和国之间的经济往来对日本是不利的。山本通过"长崎国旗事件"再次认识到与社会主义各国改善经济关系的必要性,他与有着同样想法的日苏东欧贸易会会长北村协商后,在将两个团体计划访苏的代表团合二为一的问题上达成了共识。

两人为这个代表团千挑万选出的团长是河合良成。

河合1886年生于富山县。父亲河合滕吉在伏木（现高冈市）经营汽船公司，因此河合良成在伏木港附近度过了少年时期。那里是大量货船来往的日本海沿岸商港，少年河合常常向地平线方向远眺，对大海对面广阔的西伯利亚大地仰慕不已。对于生活在日本海沿岸的河合而言，那时提到外国首先浮现在脑海的就是俄罗斯。

毕业于东京帝国大学的河合1911年入职农务省，战后转变为政治家，1946年就任第一届吉田内阁的厚生大臣，翌年成为小松制作所的会长。

鸠山内阁时期，在石桥湛三与继岸信介之后就任首相的池田勇人推出了"收入倍增计划"，日本经济步入高速增长时期。但是，20世纪60年代初期，日本企业设备投资的过度增长导致了投资过剩、金融窘迫、外汇不足等问题。在经济陷入停滞的情况下，为了打开自家公司机械的销售市场，河合将目光投向了苏联。他判断，苏联要想开发广阔的西伯利亚，就需要大量的建设机械。

这其中也有时代因素的推动。美苏之间紧张关系的缓和降低了爆发战争的可能性，这意味着世界经济的繁荣。对生活变得富裕的渴望，无论是资本主义国家还是社会主义国家都存在。在各自擅长的领域开展合作将是一件好事，河合这样想。

访苏代表团团长的合适人选非河合莫属。北村和山本一致这样认为。

代表团的筹备工作在低调中进行。虽说目的是开拓新市场，但是苏联撕毁《日苏中立条约》出兵中国东北、扣留日本人在西伯利亚、占领桦太与千岛群岛等行为，都导致了日本国民对苏情感恶劣。在赫鲁晓夫政权诞生后的苏联，索尔仁尼琴描写蒙受所谓"间谍"不白之冤的伊凡·杰尼索维奇在极寒的西伯利亚的劳改营中服劳役的小说《伊凡·杰尼索维奇的一天》得以公开发表，政治犯的名誉得以恢复，被称为"融雪"的自由化改革得以推进。但是，1956年匈牙利的民主运动被苏联军队的战车摧毁。当时的氛围是，与共产主义者做生意那是想都不用想的事。

访苏代表团事务局设置在小松制作所下属公司位于虎门芝田村町的一间办公室里。日苏东欧贸易会派出的神代嘉雄、日本国际贸易促进协会派出的吉田进也、小松制作所派出的企划部长平冈广助挤在这里，一边随时向河合报告与苏联之间的谈判过程，一边进行着代表团的筹备工作。

两名事务局工作人员的步调

神代喜雄是哈尔滨学院第25期学生。前面在第一章讲过，其父神代喜代次听了大隈重信的话后，作为大陆浪人东渡满洲。神代喜雄1944年3月自奉天二中毕业，次年进入哈尔滨学院学习。他在《哈尔滨学院学报》1945年6月15日号上发表了下面这样的文字：

"今日正当大东亚战争酣战之际，吾等目前之敌为美英，然北方之问题亦须常做考虑……日俄大捷以后，国人所云俄国姑且无须考虑之言论，令人易于对俄抱持某种轻蔑之态度，然则为远东之战略，远来东亚筑起大连，建设此等大哈尔滨之民族，舍其能构筑大东亚永远之和平乎？"

但是,神代于一年零数月之后应征入伍,被分配至关东军机动旅团二连队,面临着为死守本土而转战日本内地,还是留在满洲的选择。

父亲喜代次的大陆生活长达40余年。生于满洲、成长于满洲的神代喜雄选择了死在"故乡"。然而转战内地的很多士兵被派往冲绳作战,大部分丢了性命。

1945年7月末,决心手握轻机关枪到中苏边境作战的神代作为通晓中文、俄文的翻译被召回旅团司令部。然后在日本战败后,被关押在位于乌拉尔山脉西侧、苏联欧洲地区的拉达(音)与莫尔尚斯克战俘收容所。

又过了两年,神代作为复员军人从佐贺县的唐津港回到日本。他被编入早稻田大学高等学院三年级,毕业后成为专业报社记者先后常驻农林省、通商产业省、经济企划厅的记者俱乐部,还曾负责采访金融机关,撰写了大量的相关报道。

转机出现在日苏恢复邦交之时。两国关系正常化后,在日本产业界对苏贸易启动的背景下,俄语能力受到高度评价的神代被调到日苏东欧贸易会事务局工作。为了促进与苏联以及东欧社会主义国家的贸易,神代担任了日本商社与各国商务负责部门的联络官等职务。在从事这些工作的过程中,他听闻了经济界访苏代表团的计划。

吉田进也成长于旧"满洲国"与中国。1935年生于京都的吉田在5岁之时跟着母亲来到了位于北京北侧、隔万里长城与之接壤的张家口。因为中日战争爆发后,吉田的父亲在被日军占领的张家口担任中央医学院的军医兼教授。

吉田上小学五年级的时候日本战败。张家口也被苏联战斗机轰炸,口径15毫米的机关炮一炮炸飞电线杆的情景至今仍清晰地印在他的脑海里。

张家口的日本人自战败起至当年9月陆续回国。然而吉田的父亲发高烧住进了中央医学院,身体状况使他无论如何都无法回国,因此决定全家一齐留在张家口。

身体恢复后,吉田的父亲被八路军方面要求留在该大学任教。八路军与中国国民党正在交战,需要派军医上战场。于是吉田的父亲被派去培养年轻的军医。

1946年10月10日,正值中华民国建国纪念日双十节,国共合作的提案宣告失败,国民党在张家口发动了攻击。于是妇孺开始向山区的解放区疏散。吉田与八路军干部子弟一齐进入了解放区的学校。

在解放区的学校上中学一年级以后必须学俄语。每到星期六,村子里就会放映露天电影,很多苏联电影在加上中文配音后上映。例如《乡村女教师》《两位农场长》等,其中令人惊讶的是还有部彩色电影《石花》。

这期间,八路军在中国各地不断击破国民党军,吉田也跟着家人不断变换住处,石家庄、天津、沈阳等,最后在长春安顿下来。吉田的父亲在这里成为吉林医科大学(原满洲医大)的教授,吉田本人则进入当地辽宁大学外语系俄语专业学习。他还清楚地记得,父亲在战争时期曾手拿《俄语四星期》这本书对他说:"将来与俄罗斯的关系很重要。"1958年毕业后,吉田回到日本,进入日本国际贸易促进协会工作。

卖国奴！不要再踏上日本的土地！

关于以河合为团长的访苏代表团成员，事务局的考虑是从机械、纤维、造船等各个行业选出。于是小松制作所的平冈选了一些企业，四处打电话联系。要知道从通产省转入小松制作所的平冈有很多企业方面的人脉关系。对于对代表团表现出兴趣的企业，由神代与吉田前往说明情况。参加者包括石川岛播磨重工业（现IHI）的社长土光敏夫、古河电工的会长小泉幸久、帝人社长大屋晋三等。

日程基本确定的时候，事务局在媒体上进行了发布。各家报纸刊登了"首个访苏代表团"的报道之后，右翼分子的宣传车开到了小松制作所与石川岛播磨总社的门前，用高音喇叭对干部们的访苏大加指责。

1962年8月8日，代表团在羽田机场登上专机之前，正准备在媒体面前拍摄纪念照，突然为送行人群而设的机场建筑物的屋顶上降下一面草席旗了：

卖国奴！不要再踏上日本的土地！

代表团的成员们目瞪口呆。首次访苏代表团就这样在右翼分子的骂声中出发了。

从羽田起飞的专机首站飞往哈巴罗夫斯克（伯力）。代表团在当地考察了电线厂与糕点厂，参拜了被扣押日本人的墓地之后，乘机飞往莫斯科。

从飞机舷窗俯瞰大地，远东的西伯利亚广阔无边。俄罗斯的远东，是指自贝加尔湖以东，东至堪察加半岛，北至北极圈，南至符拉迪沃斯托克（海参崴）的 620 万平方公里的广袤范围。其面积大约是日本列岛的 16 倍。

前面延伸着的仍然是西伯利亚大地。河合想："这简直就像西部开拓时代的美国。"在他的眼中，广阔大地所映现的是水利、铁矿石、煤炭、黄金、白金、钻石、有色金属、森林等资源宝藏。

在莫斯科与苏联外贸部长帕托利切夫进行会谈后，代表团返回了东西伯利亚的伊尔库茨克。他们的日程是：在西伯利亚的诺沃西比尔斯克（新西伯利亚）、乌拉尔地区的斯维尔德洛夫斯克（现叶卡捷琳堡）等地访问国营工厂等，同时缓缓向西，直到列宁格勒（现圣彼得堡）。然后再次前往莫斯科，从那里去最后一站——黑海沿岸的疗养胜地雅尔塔。按预定计划，代表团将在雅尔塔与赫鲁晓夫举行会谈。

河合等人已经在莫斯科会见了苏联的这位最高领导人。尽管如此，他们又被邀请到他的别墅。这表明赫鲁晓夫希望加强与日本的经济往来。

赫鲁晓夫的别墅位于克里米亚半岛附近，一个可以仰望罗斯福、丘吉尔、斯大林三巨头签署《雅尔塔协定》的宫殿的地方，这是战争时期左右日本命运的同盟国举行会议的地方。

代表团一行原以为，既然是苏联最高领导人的别墅，想必是混凝土高墙环绕，戒备森严。然而，别墅周围环绕的只不过是一米多高的杂树篱笆。赫鲁晓夫也只带了两三名警卫，一副很放松的样子。他的妻子与家人也给人以朴素、平易近人的感觉。

赫鲁晓夫在 1960 年 10 月召开的联合国大会上曾有过奇特的表现。当赫鲁晓夫在纽约的联合国总部对西方诸国的殖民主义进行严厉批判，却遭到菲律宾代表的反驳，被讥讽"苏联才是将东欧诸国作为殖民地对待"时，赫鲁晓夫脱下鞋子，将桌子敲得"哐哐"作响以示抗议。

现在看到眼前这个人物如同农民般的笑脸，河合认为那种行为其实是他诙谐的性格所致。

赫鲁晓夫对代表团这样说道：

"我们两国是邻国，地理上没有哪两个国家的距离像我们这样近。历史上苏联与日本也存在着互补关系，这种关系很令人期待。日本有着非常高的技术水平，日本正在成为能够与美国及西欧诸国竞争的国家。我们了解这一点，我们也是日本的良好需求者。但是要想发展两国间的贸易，需要具备一个条件，那就是要在两国间找出相互感兴趣的商品。贸易应该是商品对商品的关系，而不是国与国之间的关系。"

"意识形态不同的国家之间也能做生意。对于没有资源的你们，我们可以提供木材、能源、矿物等，然后从你们那里购入工业产品。"——对于从战争破坏的废墟上重新站立起来，生产出高品质的工业产品、机械、成套设备的日本，赫鲁晓夫心怀敬意。他希望在战争中失去两千多万国民性命，又在斯大林的暴政之下陷于凋敝的苏联的经济能够得以恢复。赫鲁晓夫主动提议日本方面购买西伯利亚的石油。

"苏联将用这笔钱铺设通往东亚的石油管道，这样日本就可以提供管道与建设机械。有了石油管道，日本就可以确保稳定的石油供给。"

当时日本的石油产量为零,消费量为每年两亿五千万吨,石油的供给主要依赖于沙特阿拉伯。另一方面,苏联每年的石油产量为五亿五千万吨,消费量为两亿两千万吨,剩余的石油出口到东欧国家。对于赫鲁晓夫的提案,河合这样回答道:

"日本企业现在还没有宽裕到足以大批购进苏联原料的程度,但是日本经济前途光明,希望您用长远的目光看待日苏贸易。"

然后,河合又谈到了日本必须顾及与美国的关系这一立场。闻听此言,赫鲁晓夫强调,苏联与敌对的西德之间也有大量贸易,并重申了他的"政治对立也能进行贸易"的信条。然后他又说道:

"贸易发展是通往和平的道路。如果贸易进展顺利,就不再需要战争。我们希望发展贸易,坚决反对战争。"

河合认为这是赫鲁晓夫的真心话,因为河合自己也是这样想的。

访苏代表团与苏联之间签订了关于船舶(45 艘,48 万吨,约 9000 万美元,三菱造船、石川岛播磨、日立造船等)、制铁用氧气分离装置(2 座,600 万美元,神户制钢)、木材(每年 20 万—25 万立方米,为期 8 年的进口计划,王子制纸)等总计 1 亿美元的合同,并进行了工业仪表、金属钛、纤维产品等的出口洽谈后,回到日本。对于这个与政府无关,也不代表民间经济团体,其成员只是由希望参加的人员组成的代表团而言,这是非同寻常的丰硕成果。

民间主导的日苏贸易的细弱渠道建立 3 年后,日本经济团体联合会与政府合力派出了官民联合代表团。得到政府的认可之后,日苏贸易不断扩大。结果影子公司大多被大型商社吸收为负责对苏商务的部门。岛津朝美工作的日本海贸易成为丸红的一部分,他作为丸红的职员长期在远东从事木材收购工作。

德国统一的背景

河合良成率领的访苏代表团里,有一个从莫斯科加入代表团的人,这就是哈尔滨学院第21期学生内藤操。内藤1943年毕业后,供职于"新京"(现长春)的关东军总司令部参谋部"民情班",任务是监听苏联远东哈巴罗夫斯克(伯力)电台。1945年8月苏军出兵中国东北时,内藤与司令部一起撤退到通化,在那里带领关东军的女职工向京城(现首尔)进发,中途在平壤下车。在平壤,他作为翻译见证了日军如何被解除武装。同年9月被押往临近苏联、朝鲜国境的延吉的战俘收容所。在战俘收容所,内藤在关东军的任务被视为间谍行为,他本人被转往远东的乌苏里斯克(双城子)、西伯利亚的伊尔库茨克等地,直到1956年末在莫斯科郊外的伊万诺沃军官收容所被释放。这时他已在苏联的监狱或收容所中度过了11年。

内藤回国后,曾在东邦商会工作,后来入职日商株式会社(现双日株式会社),1961年就任该社的莫斯科事务所长。他从苏联进口脊髓灰质炎的疫苗,次年迎来了访苏代表团。1973年,他转行做了北海道大学文学部的教授,与勃列日涅夫时代(赫鲁晓夫下台后,勃列日涅夫就任苏共总书记)被驱逐出境的索尔仁尼琴在巴黎进行了对话,并致力于介绍苏联的反体制文学。内藤1978年转到上智大学的俄语专业,与波多斯塔维娜,以及同样被扣押11年后回国的哈尔滨学院俄语教员染谷茂一起任教。同时以"内村刚介"为笔名,写下了自己在收容所的生活以及关于苏联的众多著作。在这些著作中,他一贯批评苏联的体制。并且,他还坚持为学生们讲授俄语俄罗斯及苏联文学课程。

赫鲁晓夫对河合良成说过:"苏联与敌对的西德之间也有大量贸易。"他还说:"贸易应该是商品对商品的关系,而不是国与国之间的关系。"

在西德,1969年出任首相的维利·勃兰特所率领的德国社会民主党政权(与自由民主党联合组阁)于次年推出了"东方政策"。勃兰特改变了西德政府此前"不与同东德建交的国家建立外交关系"的方针,承认东德为国家。此外,勃兰特在访问波兰时,在华沙的犹太人集中营纪念碑前下跪,以此表达对纳粹德国过去所犯罪行的谢罪之意。并且,他还飞往莫斯科,与苏共总书记勃列日涅夫于1970年8月签署了互不侵犯条约。

勃兰特1913年出生于德意志北部的吕贝克。因为厌恶希特勒政权,他于1933年4月1日夜流亡到挪威,之后将自己的名字从"赫伯特·弗拉姆"改为"维利·勃兰特"。

决定勃兰特的政治态度的是他1937年作为新闻工作者所目击的西班牙内战。从挪威劳动党那里接受了撰写西班牙内战报告的任务后,24岁的勃兰特在从奥斯陆去往巴塞罗那途中所看到的是,共产主义者镇压拿起武器对抗佛朗哥所率领的政变军队的义勇兵,以及德国空军、秃鹰军团对格尔尼卡小镇的野蛮轰炸。这些都令勃兰特感到毫无兴致。勃兰特对极权主义的厌恶此时已经确立。

然而,战后回到德国并在"冷战"时期成为政治家的勃兰特知道，一味对东方社会主义阵营采取敌视态度，对于现状的改善毫无益处。尽管东方政策被在野党批判为屈辱外交，但是在1961年柏林墙建立之时担任西柏林市长的勃兰特确信，自己的外交政策是非常现实且符合国家利益的。

西德与苏联的互不侵犯条约缔结后，西德与苏联之间的贸易关系得到了飞速发展。20世纪70年代，西德取代日本成为苏联在西方国家中的最大贸易伙伴。柏林墙倒塌（1989年）的次年，德国统一进程在和平中顺利进行，其背景就在于两国间经济关系的长年深化。

令人遗憾的是，战后的日本没有出现能与维利·勃兰特相匹敌的政治家。在日本是民间企业担起了这个角色。

目标是避免战争

从20世纪60年代后半期到80年代中期，日本与苏联签订了以俄罗斯远东为中心的森林、煤炭等的开发计划。河合访苏的1962年，古巴配备了苏联的核导弹，美苏之间甚至一度产生了核战争危机。美国对日本与苏联积极进行贸易表示不满，但是资源匮乏的日本优先考虑的是与希望获得技术的苏联之间的双赢关系。

在河合访苏代表团事务局工作过的神代喜雄，其后在日苏东欧贸易会做过很多工作：为在苏联、东欧举办的交易会上参展的日本企业提供支持，从事俄罗斯远东资源开发计划的业务，参与日本与各国之间设立的经济委员会事务局工作等。他后来从日苏东欧贸易会调到西武百货店工作，1982年举办过令众多美术工作者惊叹的艺术展"艺术与革命——俄罗斯前卫派艺术潮流"。

日苏东欧贸易会在这期间改名为苏联东欧贸易会。专务理事由哈尔滨学院第13期学生石塚利雄出任,第6期学生成田精雄则以前所未有的力度致力于经济调查。成田自哈尔滨学院毕业后进入满铁工作,后来在巴黎与柏林担任满铁欧洲事务所长,日本战败后在长春担任中苏合营公司接收满铁时的日方负责人,接收结束后作为中苏合营的中国长春铁路公司的秘书服务于苏联上级。1946年8月从葫芦岛回国,不料在船上患了严重的腹壁疝,回到日本后在故乡北海道疗养。那之后又过了一段时间,他才成为日苏东欧贸易会的职员。

成田是认识哈尔滨学院首任院长井田孝平的最后一批学员。他还清楚地记得后藤新平为出席1925年4月6日举行的第3期学生毕业典礼(与成田等第6期学生的入学典礼交错)而到访哈尔滨学院时的情景。

后藤将所有师生集合起来这样讲道:

"社会上有人说我后藤'红',我不介意自己'红'得像红萝卜。大家要研究苏联,成为能为对苏政策发挥作用的人。大家要有个年轻人的样子,多到户外去踏踏雪!"

后藤还讲道:"苏联虽说是信仰共产主义的国家,但是只要我们自己具有免疫力,就没有必要惧怕或者厌恶它。如果不去挖掘资源宝库,确保我们的生存食粮,那还称什么大和民族呢?"

在被称为"冷战"的时代,哈尔滨学院的理念被承担对苏贸易使命的人们付诸了实战。

曾经在东京都政府、日本贸易振兴会工作,1972年进入苏联

东欧贸易会,跟随成田学习经济调查方法的小川河男这样说过:

"对于和平而言什么是重要的呢?我们都知道文化与学术的交流对于相互理解非常重要,但是对于普通人而言最重要的是物资的交流与贸易关系的深化。国与国之间如果不断加深经济方面的依存关系,就能避免战争。"

小川1935年出生于东京深川,在东京大轰炸中失去了母亲。他在苏联东欧贸易会调查部拜成田为师,踏踏实实地从事苏联与俄罗斯经济、日苏与日俄经济关系的调查与研究工作。1999年,俄罗斯科学院因小川多年的研究业绩授予他名誉博士学位。

自从20世纪初人们开始尝试将外部威胁转化为共存共生的关系以来,时间已经过去了大约一个世纪。令人难生好感的邻居的存在固然是个麻烦,但是倘若这是个我们必须与其终生打交道的对手,那么最好努力将其转变为能令我们心生好感的人。如果能够通过物资的交流令对手感到我们是不可或缺的存在,那么邻居的态度也一定会改变。

我们在哈尔滨学院的历史中看到了很多挫折,但该学院确确实实地为战后的日本指出了贸易立国的方向。

第八章
投向欧亚大陆的视线

哈尔滨学院校舍(1991年)

哈尔滨学院纪念碑揭幕式

寂静的停战

1944年夏,毕业于京都第二商业学校的17岁的宫协修作为南洋学院的第3期学生,与其他同学一起登上了开往西贡(现胡志明市)的运输船"帝立丸"。据宫协日后所著的描绘当时体验的小说《爱国少年漂流记》(新潮社)所述,轮船为了躲避敌人的鱼雷攻击,中途在菲律宾、台湾等地停泊,新生们在蚕架一般的床铺上度过了56天的航海旅程。

在混杂着法兰西文化与热带风情的西贡学习了不到一年,宫协因为要参加进攻法国驻军的明号作战,作为新兵被分配到西贡兵站基地。之后作为通信班的一员,赴老挝执行任务,在丛林中得知日本战败的消息。

南洋学院也停办了。但是,与苏军攻占的哈尔滨以及国民党重新接手的上海不同,西贡的统治者法国人只是躲在军队里窥视外面的情况。这种寂静意味着越南人推翻法国统治的独立战争的开始。在《爱国少年漂流记》中,南洋学院的教授对主人公这样说道:

"……日本人虽然知道法属印度支那是世界屈指可数的稻米产地,但却不了解这里大部分农民没有土地,只是种地领工钱,而地主也被征收重税的现实。这是作为法国殖民地所遭受的压榨的实际状况。来这样一个地方究竟要做什么,要怎么做,日本没有拿出任何具体方案。说来说去大东亚"共荣圈",原来只是想得到南方的资源而已。"

南洋学院没能超越狭隘的国家利益范畴。教授又说,亚洲要想实现和平与繁荣,除了日本与亚洲各国共存以外别无他路,南洋学院的精神今后也将继续存在。

寻找可以一起做的事

日本与中国恢复邦交是在日苏恢复邦交16年后的1972年。中华人民共和国于1949年10月成立,但是美国将台湾视为中国的正统继承者,与中华人民共和国没有建立外交关系。日本不可能与美国敌视的国家建立邦交。但是,美国自20世纪60年代起试图接近中国,派国务卿亨利·基辛格秘密访华,1972年2月实现了理查德·尼克松总统的闪电访华。事先没有从美国得到任何通知的日本政府在田中角荣就任首相后决定立即访问北京,同年9月,日中恢复邦交。

之后日中关系得到了迅速发展,1978年日中缔结和平友好条约。中国自20世纪80年代开始实行改革开放政策,日中贸易飞速增长。2008年,日本对中贸易总额达到277803亿日元,超过对美贸易总额(222539亿日元)跃居对外贸易第一位。

西所正道对战后活跃在经济界及新闻界的东亚同文书院毕业生进行了采访并编撰成书。这本《上海东亚同文书院风云录》记载,20世纪30年代后半期曾在东亚同文书院学习过的原丸红社

长春名和雄回首战后50年的日中贸易时,这样说道:

"日本人往往认为'舍小异求大同'是解决问题的方法,但是中国人的思维方式是,对于不同的部分承认不同,然后找出相同点一同前进……中国人会说:'你是这样想的吗?那么我们想想能一起做什么吧。'与亚洲其他国家打交道时也需要这种思维方式,今后这将会成为一种很重要的思维方式。"

2008年日本的对俄贸易总额为31036亿日元,仅为对中贸易的11%。但是,春名和雄指出的思维方式,在战后的日苏关系中应该也存在。柏林墙倒塌,"冷战"结束后,日本的外交不加批判地倒向了美国一边。围绕着北方领土问题,日俄双方都坚持所谓的原则,互不相让,陷入了找不到任何解决问题的头绪的困境。

不过,两国关系正在发生变化。2009年3月,苏联时代签订合同的萨哈林北部海域的石油天然气开发计划之一——萨哈林2号开采的天然气以液化天然气(LNG)形式出口到日本。日本关注多年的俄罗斯能源资源终于正式登陆日本。自20世纪70年代以来一直奔走于一线的日本商人所付出的努力终于有了结果。

河合访苏代表团事务局的吉田进回忆起当年的情景:

"我在学生时代喜爱俄罗斯文学,但是靠文学吃不了饭。要想靠俄语吃饭,除了做学者以外,只有去商社或当新闻记者。"

吉田后来从日本国际贸易促进协会跳槽到日商株式会社(现双日株式会社)工作,出任该社的莫斯科事务所长,是内藤操的继任。

"作为商社的人员要想劝说日本的厂家与苏联开展贸易,就必须向他们说明与该国做生意的好处。为此要学习苏联经济,思考那里有什么商机。这样做的同时也会了解到很多不利因素,但是越了解对方,陷进去的人就越多。"

作为新潟县的环日本海经济研究所的名誉理事长,吉田现在还经常亲赴俄罗斯远东以及中国东北等地。

面对两个大国

苏联与中国在20世纪60年代以后,围绕着相互之间的社会主义意识形态问题以及领土问题长期对立,直到1989年5月,米哈伊尔·戈尔巴乔夫的访华使两国实现了历史性的和解。其后中俄贸易不断扩大,2008年,在俄罗斯的对外贸易伙伴国中,中国仅次于德国与荷兰排在第三位(对于中国而言,俄罗斯也排进了前十位)。

但是,俄罗斯远东仅有区区650万人口。而在中国方面,仅隔阿穆尔河(黑龙江)与俄罗斯接壤的黑龙江省的人口即超过了3800万。

如果中国的劳动人口流入远东,那么远东就会在很短的时间内被中国人吞没。虽然俄罗斯也有人对此感到担心,但是俄罗斯方面还是接纳了中国的劳动力,让他们在广阔的土地上耕作、收获,或者从事森林的采伐工作。从根本上说还是"想想能一起做什么"的姿态。

对于隔日本海相望、乘飞机不到两小时就可到达的这片土地,我们究竟在多大程度上将其纳入自己的视线了呢?面对面貌已经完全改变的欧亚大陆,日本的反应太过迟钝。

日本在历史上就未能客观地看待欧亚大陆。有时候我们把对方的威胁看得过重，或者对对方抱有过大的期望；有时候又对它投去蔑视的目光。这种不客观在第二次世界大战期间露骨地表现在日本的对苏外交以及对中国的态度中，导致了致命的失败。

读懂欧亚大陆的地缘政治学，用自己的头脑思考并行动——现在我们需要的是针对大陆的现实主义。

放眼东亚，我们还遗留着历史认识以及领土等未解决的问题，导致了"冷战"体制的存在与延续。日俄之间至今尚未缔结和平条约。要缓和这种僵硬的国际关系，当事国之间需要在反复讨论的同时，在商务上构建相互依存的关系。

毕业于东亚同文书院，战争时期被赶回外务省总部的石射猪太郎在战后回首战争时期的日本外交时，这样说道：

"说起来在国际生活中，还有比外交更功利主义的事情吗？处于国际社会中，大家都是尽可能多地获取利益，尽可能地不受损害。外交的意义尽在于此。问题在于如何才能获取利益，逃避损害。"

外贸与外交是站在对方的立场上思考的行为。在此基础上将对方的利益与自己的利益放到天平上称量，有时还必须展开坚韧的谈判。

哈尔滨学院涌现出众多这样的人才的时候，已经是该院消失之后了。

高尾陵园樱花飘落的时候

1999年4月16日，东京郊外的高尾陵园春意盎然。

陵园的参道旁边是临时搭设的长幕棚。有人从绿树与小河之间的坡道上缓缓而来，也有人在老伴或亲戚的搀扶下走下出租车。这些人是哈尔滨学院毕业生以及他们的家人，或者是遗属。大家首先在幕棚右面的接待处列队。哈尔滨学院最后一期学员，在这里属于年轻一代的岛津朝美也已经71岁。

大家在接待处报名，然后来到对面，围绕在建在高台之上的哈尔滨学院纪念碑周围。接下来这里要举行哈尔滨学院纪念碑的揭幕式。

出席人员超过百人。中央矗立着白色石柱的大约150平方米的园地之内塞得几乎再无立锥之地。石柱仿造哈尔滨学院校舍正面入口处支撑建筑物的廊柱而建。80年前的1920年秋季，首任校长井田孝平就是站在廊柱前面迎来了第1期学生。柱子后面是一面高度将近一米的红砖墙，其中砌进了几块曾经支撑校舍的红砖。这是战后通过黑龙江省征得中国空军的批准运到日本的。

哈尔滨学院的毕业生以及在读期间遭逢日本战败的学生们曾经每年都举办校友聚会。然而如今大家年事已高，再加上散居在全国各地，因此决定自今年起停办校友聚会，改为今后每年在哈尔滨学院纪念碑前聚一次。

揭幕式在第21期学生内藤操的致辞中开始，然后由第8期学生佐藤四郎，哈尔滨学院同窗会事务局长、第24期学生麻田平藏等人收集遗物。眼镜、钢笔等遗物被放置到白色石柱下面贴着玻璃的收纳空间里。今后可能每年都会有各种各样的物品一点点地被安放到这里。

这里已经安放了井田生前喜爱的俄式茶炊与玻璃水瓶。第1

期学生岸谷隆一郎无疑也曾将其注入松花江水，用这个茶炊煮水饮茶。哈尔滨学院初创时期，井田等教师就今后的日俄、日中关系高谈阔论的情景浮现在大家眼前。

俄式茶炊与玻璃水瓶旁边有一块土黄色的残破布头。那是涩谷三郎院长与几名学员烧毁的校旗一角。日本战败后，哈尔滨学院的校旗被拿到学院南宿舍的后院，与俄语词典、论文等一同投入了火焰。烧残的一片校旗被当时在场的第26期学生佐藤举男装进缝在内衣里面的护身符袋里，带回了日本。

揭幕式在麻田平藏领唱的哈尔滨学院宿舍之歌《松花江流》中结束，然后在幕棚下的会场中举办了午餐会。

我在那里第一次见到了杉目。那时他83岁，脊背挺直，精神矍铄，直视对方的眼神令人印象深刻。听说他现住大分县别府市。我和他只交谈了寥寥数语。

了解到他的满洲经历是在七年之后。我读了他送给我的手记。其中记载了他在呼伦贝尔的生活、与鄂伦春人的交往，以及战后作为密使重回满洲等经历。其中一册《在蒙古高原的樱花——内蒙古呼伦贝尔高原——与日本人和当地人的交流记》在前言中这样写道：

"大约70年前的呼伦贝尔是个什么样的地方呢？来此居住的日本人与当地人之间的交流是怎样的情形呢？作为幸存下来的人，我感到有责任将日本人拼命生存的情景记述留存下来，因此不顾年迈，斗胆提笔写下此书，拙文尚祈见谅。"

完成了去满洲做密使的任务后，杉目自葫芦岛出发，在博多港登陆，然后留在九州，在汽车销售公司、汽车业界社团等处工作。他的工作没有涉及过苏联或俄罗斯。

苏联是个令人憎恶的国家，他在手记中多次这样写道。但是，他记述在满洲与俄罗斯人中的哥萨克与鞑靼交往的文章却饱含深情。对于日本战败后成为敌人的鄂伦春人，他回首往事，思考着这或许是因为当时日本人只是将他们当作游击队的雇佣兵使用，而没有为他们提供旨在提高生活水平方面的帮助。

大概在杉目的眼里，国家与个人是两种不同的事物。

据说他现在也很怀念在呼伦贝尔度过的七年岁月。或许对于生于奉天，成长于大连的杉目而言，战后的日本任何时候都仿佛是暂时的栖身之处吧。

每到樱花飘落的时节，在哈尔滨学院学习过的人们及遗属们就会相聚在高尾陵园，高台上也会传来他们吟唱的《松花江流》。

主要参考文献

《关东大地震》财团法人东京都慰灵协会

《东京大空袭的记录》财团法人东京都慰灵协会

藤田尚德《侍从长的回忆》中公文库

和田春树《来自地区的世界史——俄罗斯、苏联》朝日新闻

御厨贵《日本的近代 3：明治国家的完成 1890—1905》中央公论新社

山室信《日俄战争的世纪》岩波新书

泽地久枝《我的西伯利亚物语》新潮文库

猪木正道《军国日本的兴亡：从甲午到日中战争》中公新书

加藤阳子《战争的日本近现代史》讲谈社现代新书

哈尔滨学院史编辑室《哈尔滨学院史》惠雅堂出版社

哈尔滨学院 26 期会纪念刊（该期会刊创刊号）《那以后的 50 年——我们心中的哈尔滨在哪里》

《我们生活的暴风雨时代——哈尔滨学院第 25 期学生记录》

哈尔滨学院第 24 期会《满洲国立大学哈尔滨学院第 24 期学生记录》

大庭柯公《俄国及俄国人研究》中公文库

附刊 12《满铁是什么》藤原书店

石射猪太郎《外交官的一生》中公文库

西所正道《上海东亚同文书院风云录》角川书店

大城立裕《早晨,伫立在上海——小说东亚同文书院》讲谈社

宫协修《爱国少年漂流记》新潮社

森崎和江《打工妹》朝日新闻社

小林英夫《满洲的历史》讲谈社现代新书

大门正克《日本历史全集十五 20 世纪 30 年代至 1955 年:战争与战争后的生活》小学馆

小熊英二《日本人的边界——冲绳、阿伊努、台湾、朝鲜:从殖民统治到回归运动》新曜社

二叶亭四迷《平凡·我是怀疑派》讲谈社文艺文库

加茂仪《榎本武扬》中公文库

岸谷和《大陆的青色夕阳——作为日本民族自我批判的一角》

小川之夫《愚直的青春2:228天 哈尔滨学院——在西伯利亚分校学习》惠雅堂出版社

田中小太郎《哈尔滨恋慕之情》

文艺春秋《诸位!》1995 年 8 月号

杉原诚四郎《杉原千亩与日本的外务省:杉原千亩为什么被赶出外务省》大正出版

皮埃尔·罗宾著 诹访澄 筱辉久 译《千亩:拯救一万人性命的外交官——杉原千亩之谜》清水书院

中日新闻《冲向自由的逃亡——杉原名单上的犹太人》1995 年 1 月 1 日—1 月 27 日

中日新闻《冲向自由的逃亡 2—— 杉原签证之谜》1995 年 3 月 27 日—4 月 21 日

安彦良和《虹色的托洛茨基》潮出版社

草柳大藏《满铁调查部实录》朝日文库

松本荣一 香内三郎 水上勉等《满洲昨天今天》新潮社

半藤一利《苏联进攻满洲的夏天》文春文库

半藤一利《昭和史 1926—1945》平凡社丛书

半藤一利《昭和史战后篇 1945—1989》平凡社丛书

成田精太《瓦解满洲丛书 2:通向祖国的道路》国书刊行会

加藤淑子 著 加藤登纪子编《闻名的哈尔滨诗歌》藤原书店

杉目升 90 寿辰纪念著作集《难忘〈旷野〉》20 世纪大连会议

杉目升《从兴安岭的山麓》

杉目升《在蒙古高原的樱花——内蒙古呼伦贝尔高原——与日本人和当地人的交流记》

小涩正俊《鞑靼:大陆俳句的青春与轨迹》西三语言学研究室

市古宙三《世界的历史 20:中国近代》河出书房新社

小岛晋治 丸山松幸《中国近现代史》岩波新书

丰下楢彦《昭和天皇 麦克阿瑟会见》岩波现代文库

冈田和裕《满洲边境游记》光人社

日苏、日俄经济交流史出版集团《日苏、日俄经济交流史:倾身于俄罗斯商业中的人们的故事》东洋书店

河合良成《与赫鲁晓夫总书记的三小时》讲谈社

中国中日关系史学会《为新中国做贡献的日本人》日本侨报社

陶山几朗《内村刚介长期采访》惠雅堂出版社

林棕榈《日俄缝隙间透出的黎明》urban pro

芳地隆之《哈尔滨学院与"满洲国"》新潮选书

后　记

俄罗斯远东的符拉迪沃斯托克(海参崴)与新潟之间,相隔大约一个半小时航程的距离。尽管如此,很多日本人或许感觉那里比遥远的太平洋彼岸的美国西海岸城市洛杉矶、圣弗朗西斯科等还要遥远。

这或许是此前战争中的大陆政策所受挫折太深的缘故。战后,我们避免将视线投向日本海对岸,只是一味向美国展露明快的表情。结果我们直到今天仍不能客观地看待中国、俄罗斯等欧亚大陆的大国。

在这一也可称为环日本海地区的地域,形势正在发生着日新月异的变化。对于不远的将来将会发生的,可能超出我们预测的变化,我们怎样做才能直接面对而不感到困惑呢? 我想从历史中寻找启发。

大约十年前,我将记录哈尔滨学院历史的《哈尔滨学院与"满洲国"》一书付梓发行。那之后我陆续收到哈尔滨学院的毕业生、遗属等赠送的书籍、体验记、记录集等,并且获得了直接倾听当事人当时体验的机会。

这其中,哈尔滨学院第 15 期学生杉目升所写的《呼伦贝尔回忆录》,以及战争末期从东京远渡哈尔滨,战后被中国共产党军队留用的第 26 期学生岛津朝美的体验谈非常有趣。此外,在中国的辽宁大学学习俄语,现任环日本海经济研究所名誉理事长的吉田进向我介绍了一些文献,以便我能抓住日中、日苏贸易的历史重点。读了这些文献之后,我有了这样的感想:在历史激流中夭折的哈尔滨学院的理念,在该院消失之后,却在战后的日本得以实践。

为本书提供珍贵照片的是第 24 期学生、惠雅堂出版社社长麻田平藏。该社的宫明正纪承担着与哈尔滨学院校友们进行联络交涉的职责,也为我提供了很大帮助。借此机会向他们表示感谢。

在出版了前面的作品之后,如何继续描述哈尔滨学院的历史呢?在这个问题上,新潮社的佐藤诚一郎给我提供了很多建议。我再次认识到出书是作者与编辑之间的一种联合作业。在此表示感谢。

2010 年 8 月

芳地隆之

本书照片由惠雅堂出版社提供

(来自于《松花江》)